VIDA FANTÁSTICA DE MANUEL MACHADO DE AZEVEDO

Por el marqués de Montebelo

DONDE DESCRIBE LAS JORNADAS CON EL CARDENAL INFANTE DON ENRIQUE Y SUS HERMANOS DON LUIS Y DON FERNANDO DE PORTUGAL

JOSÉ - LUIS MACHADO

ID: Vida fantástica de Manuel Machado de Azevedo. Por el marqués de Montebelo. Donde describe las jornadas con el cardenal infante don Enrique y sus hermanos don Luis y don Fernando de Portugal.

ISBN: 9781695456051

JOSÉ - LUIS MACHADO

VIDA FANTÁSTICA DE MANUEL MACHADO DE AZEVEDO

Por el marqués de Montebelo

DONDE DESCRIBE LAS JORNADAS CON EL CARDENAL INFANTE DON ENRIQUE Y SUS HERMANOS DON LUIS Y DON FERNANDO DE PORTUGAL

A los doctores: Antonio Magalhâes, presidente que fue de la

Cámara Municipal de Guimarâes.

A Antonio Machado Carrillo por compartir inquietudes.

PRÓLOGO

Hay una verdad histórica separada de la vida de ficción en la que Félix Machado de Silva, marqués de Montebelo, se introdujo hábilmente, y que procuraré aclarar.

Los linajes del norte de Portugal han sido tratados por reputados cronistas y genealogistas, de manera que cualquier desvío de sus crónicas sería descubierto y tachados de filiaciones falsas, ajenas a la verdad histórica y por lo mismo descalificadas. Este corpus documental, de distintas épocas, se conserva en el Archivo Nacional de la Torre del Tombo, en Lisboa, y se puede consultar por los especialistas de todo el mundo. El mismo control que en España llevó a cabo el doctor en Derecho por Salamanca Nicolás Antonio, bibliógrafo del rey Felipe IV que expurgó innumerables obras de falsas crónicas y reseñas genealógicas no ajustadas a la verdad, estableciendo el rigor en esta ciencia.

La familia Machado, originaria del norte de Portugal, tiene una genealogía que, con algunas variaciones en su origen astur-galaico, se ha conservado hasta la actualidad, de manera que yo mismo la he tratado en el tomo I de «La Casa de Machado, historia de una indagación».

Antes de mí, el canónigo bracalence don Arlindo Ribeiro da Cunha estudió a «Los Machados de la Torre de Geraz», o quinta da Torre, en Póvoa de Lanhoso, casa solariega y matriz de la familia Machado que, a lo largo del tiempo, produce varias ramas como los Machado de Miranda, con casa solar en Barcelos, y otros linajes relacionados como queda reflejado en la historia de las 'Pedras de Armas' o blasones en piedra que figuran en casas importantes del solar lusitano.

Centrándome en el tema que me ocupa, hay que tener en cuenta que los apellidos no se fijan en las familias hasta mediados del siglo

XVIII, y recibían el apellido tanto los miembros de las familias como sus criados y deudos, sobre todo si habían nacido en el solar o casa solariega, que, junto a la fundación de una capellanía y un reconocido blasón, es lo que se viene a denominarse linaje.

La región que se describe es de una belleza serena tal, que el mariscal napoleónico Soutl, a la vista del valle del Cávado exclamó extasiado: «¡Como o Criador foi pródigo con estes Bárbaros!»[1].

«La casa solar Torre dos Machados –en el centro del valle– es un edificio habitacional en granito, con estructura de base románica y torre con almenas, que ha sufrido alteraciones con el paso del tiempo»[2].

Sorprende en Félix Machado da Silva el conocimiento de las tierras del norte de Portugal, y más concretamente la provincia de Entre Duoro y Minho, así como la limítrofe Tras os Montes, describiendo con detalle orográfico tanto el río Cávado con sus rápidos y pozos, como la pesca en sus aguas –río que nace en Outeiro, y más concretamente en Paradella y que tiene cuenca propia, atravesando Braga y Barcelos hasta desembocar en el litoral de Esposende; y no en el Duoro, o río de oro, sin que le aporte arenas auríferas, como afirma Montebelo en su obra– aunque si es verdad que su afluente en Homem se une a él en Amares, a 20 Km. de Braga en dirección Póvoa de Lanhoso, del cual don Félix recibe el título de marqués.

Detalles estos, que son propios de la experiencia de una persona que ha vivido en la comarca y conoce el carácter de sus gentes, llegando a hablar de la diferenciación fonética de los campesinos de Entre Duoro y Minho y Tras os Montes. Solo que él nunca fue señor de las tierras de

---

[1] Guía de Portugal, volumen IV página 855.
[2] Según el Percurso Medieval de Póvoa de Lanhoso.

Entre Homem y Cávado ni sus ascendientes impostados, y sí Pedro Machado de Magalhâes.

Cuenca del río Cávado

En la época en que le tocó vivir a Félix Machado de Silva, el expediente de hidalguía y limpieza de sangre abría puertas de la estabilidad económica al poder entrar en el cuerpo de oficiales de Ejército y en la administración de la Monarquía Hispánica. Siendo así, como eran las cosas, parece que don Félix se interesó por la genealogía al estudiar la historia de la rama principal o mayor de la familia Machado, obra del cronista don Pedro, conde de Barcelos. Sobre esta pieza y, más concretamente, partiendo de Pedro Machado de Magalhâes, introdujo a través de uno de sus hijos, llamado Manuel Machado, y a modo de cuña de injerto en frutal, su propia ascendencia, beneficiándose de este modo de la savia que no le correspondía.

Para ello no solo escribió el «Memorial de la familia de los Machados», publicado en Madrid en 1642, sino esta obra que el lector tiene en sus manos: «Vida de Manuel Machado de Azevedo, Señor de las Casas de Castro, Vasconcelos, y Barroso, y de los Solares de ellas, y de las Tierras de entre Homem y Càvado, Villa de Amares, Comendador de Sousel, en la Orden de Avis».

Según su propia descripción, Félix Machado da Silva Castro y Vasconcelos, –también llamado Félix Machado e Silva–, fue primer conde de Amares y marqués de Montebelo, pero no fue sexto señor de las tierras de entre los ríos Homem e Cávado, en el valle de Geraz do Minho, hoy de Ferreiros, en Póvoa de Lanhoso, atribución que implantó en su biografía, como luego explicaré, y aprovechándose del vacío de la guerra dinástica surgida entre los dos reinos.

Ilustrativa es la petición que, en 1680 hizo el adinerado comerciante de Oporto Andrés da Silva Machado, al concejo municipal para levantar una réplica del santuario del Buen Jesús de Braga, recibiendo autorización para demoler el antiguo castillo de Póvoa de Lanhoso, «iniciando así el desmonte de parte de la barbacana y de la muralla para edificar con sus piedras el santuario de nuestra señora del Pilar[3]», personaje que lleva los mismo apellidos que don Félix ya que en Portugal el apellido de la madre se antepone al del padre.

Félix Machado da Silva fue hijo de Manuel de Araujo y Sousa y de Margarida Machado de Silva; –cuyo linaje no encuentro en la casa de Machado– hijo a su vez de Diogo de Sousa de Araujo y de Isabel Lobato de Zúñiga. Él dice que su madre fue hija de Francisco Machado da Silva, señor de las tierras de Entre Homem y Cávado y de María da Silva. Que su abuelo paterno fue Joâo Rodrigues de Araujo y de Maior

---

[3] Guía de Portugal, volumen IV, entre Duero y Miño.

de Sousa, y su bisabuelo Pedro Álvares de Castro señor del solar de Mantelaes y de Maior Rodrigues de Araujo. Por todo ello es muy discutible que fuera bisnieto del personaje real e histórico Manuel Machado de Azevedo, aunque sí del personaje literario que como autor crea para esta singular e interesante pieza literaria.

Siendo cierto que Pedro Machado Magalhâes casó con doña Inés de Goes, en tiempos de don Alfonso V el africano, y que su único hijo fue Francisco Machado de Goes, en tiempos del rey don Manuel el Afortunado, no se sostiene la existencia de Francisco Machado da Silva, de quien nuestro personaje se reconoce como nieto.

Es verdad que Bernardino Machado de Azevedo, dejó la casa de sus padres a su hermano Manuel Machado y entró como caballero de la Orden Hospitalaria de Rodas, pero no por ello, sino por lo que sucedió luego. Que participó en sus campañas y que fue comendador de Oliveira y Vera Cruz, reinando don Juan III. Pero don Bernardino secuestró en Rodas a doña Juana de Azevedo, hija de Julio de Sonantes de Azevedo, caballero de la misma orden y de doña Jerónima Cabral, natural de Toledo, a la que trajo a Portugal y con la que tuvo descendencia en Gomes Machado, y de quien pudo provenir don Félix Machado da Silva, ya que la ascendencia portuguesa queda interrumpida y separada de la sucesión que como mayor le correspondía y de la que fue separado por el secuestro de la mencionada dama. De ser cierta esta relación, quedarían explicados los conocimientos que don Félix tuvo de la interioridad cotidiana de la Casa de Castro y del hacer de la comarca y carácter de sus gentes, pero también su interés en ocultarla porque no le servía para obtener un expediente de hidalguía suficiente que le permitiera aspirar a un cargo público que le diera estabilidad económica. También quedaría corroborada esta teoría por sus explicaciones morales contenidas en esta obra.

Del Manuel Machado de Azevedo histórico, dice la crónica que sirvió algunos años en África y viajó a Roma, en donde consiguió algunos beneficios a los que después renunció, pero casó con doña Ana Passsaha, hija de Francisco Álvarez Lousada y de su mujer legítima doña Justa Vieira, propietaria de la quinta del Enxido, constando que tuvo solo un hijo varón, Francisco de Goes Peixoto que casó con doña Inés de Macedo, con lo que queda desmontada la falsa filiación de Félix Machado da Silva, el marqués de Montebelo.

Félix Machado casó con doña Violante de Orozco y Londrón, hermana del virrey de Cataluña y gobernador de Milán, marqués de Mortara y de Olía, por lo que se desplazó a Italia bajo la protección de su cuñado, quien le tramitó su primer título de marqués de Montebelo, y siguiendo su filiación tuvo a don Antonio Félix Machado da Silva e Castro, segundo marqués de Montebelo, hijos supervivientes junto a su hermana doña Eugenia da Silva.

Los demás datos biográficos de don Félix provienen de su desbordante pluma, y nada tengo que añadir. Así dice que de Italia regresó a España con su mujer en 1638, y que luego volvió a Italia como embajador en Roma[4]. Poco después, en 1640, al restaurarse la independencia plena de Portugal con la casa de Braganza, don Félix se declaró fiel al rey hispano Felipe IV y permaneció en Madrid, por lo que el rey le recompensa ese mismo año con el título vitalicio de conde de Amares, dando por supuesto que sus bienes le habían sido confiscados en Portugal. Fue entonces cuando se dedicó a la pintura.

Cuenta don Félix Machado que tuvo una vida azarosa, fuera del confort que representa vivir y morir en la casa y comarca en la que se

---

[4] http://hemeroteca.infogenial.pt/arcuenses-com-historia/felix-machado-da-silva-e-castro-de-vasconcelos/. Lima, Ebion de (1983). «Notícia Biobibliográfica sobre a Família Montebelo».

ha nacido, privado de las rentas familiares por exiliarse a España tras el advenimiento de la Casa de Braganza. Su vida se puede resumir como la de un noble genealogista, pintor y escritor portugués del Barroco, autor de obras como la Tercera parte de Guzmán de Alfarache» escrita en 1650 y esta Vida de Manuel Machado de Azeverdo, su bisabuelo, en donde habla de las tierras de Portugal comprendidas entre el Duero y el Miño, y más concretamente las situadas entre los ríos Homem y Cávado, que pertenecieron a su familia.

Cuando es más cierto que siempre estuvieron en propiedad de la rama mayor de Machado, leal a los Braganza, perpetuada en la casa solar de Quinta da Torre de Geraz, en Póvoa de Lenhoso, siendo su último poseedor el marqués de Viana, quien la vendió a un matrimonio suizo que urbanizó los terrenos, respetando como supervivencia de aquellos pasados tiempo la conocida Casa y torre da Quinta de Machado.

Él cuenta que Margarida Machado, su madre, de la que no he encontrado referencias en la genealogía histórica, falleció padeciendo gota en 1658, y el propio don Félix Machado da Silva en 1662, disponiendo solo de una pequeña pensión de la monarquía española[5].

Don Félix Machado da Silva escribió casi siempre en español, así las notas al ya mencionado «Nobiliario de Don Pedro, conde do Barcelos», que fueron impresas por su amigo Manuel de Faria e Sousa en 1646. También, según cita Nicolás Antonio[6], es autor de obras genealógicas sobre sus antepasados que quedaron manuscritas en el Convento da Graça, de donde pasarían a la biblioteca del Palacio real de Ajuda. Recordemos que el doctor Nicolás Antonio fue el autor de «Bibliotheca

---

[5] "Marqueses de Montebelo", en Historia de la Muy Ilustre Casa de Sousa, 1770, p. 412.
[6] Nicolás Antonio, *Bibliotheca Hispana Nova*, I, p. 365.

Hispana Nova», donde publica el expurgo de lo verdadero una vez separado de las falsas genealogías y cuyo control don Félix Machado superó.

En la novela picaresca y que tituló Tercera parte de Guzmán de Alfarache) que continua la muy famosa de Mateo Alemán, alterna varios géneros, con algo de miscelánea y novela bizantina, y convierte al sucio y pordiosero Guzmán en un honrado y algo atildado caballero que hizo el Camino de Santiago, llamado don Juan de Guzmán, deshaciendo la doble genealogía que le dio Alemán, como si fuera una clave descifradora de su propia obra genealógica. El libro concluye con el protagonista convertido en ermitaño, como es propio del carácter moralizador de las narraciones de aquel tiempo y, por supuesto, de nuestro autor que justifica su propia obra en alabanzas que no practica.

También escribió «Memorial de la familia de los Machados» (Madrid, 1642), complementada con la presente «Vida de Manuel Machado de Azevedo, Señor de las Casas de Castro, Vasconcelos, y Barroso, y de los Solares de ellas, y de las Tierras de entre Homem y Càvado, Villa de Amares, Comendador de Sousel, en la Orden de Avis», editada en Madrid por Pedro García de Paredes en 1660, y más recientemente, en 1983, por Carlos Baladrón, en edición facsímil.

De los Machado se ha escrito en todos los tiempos. Sorprende que un apellido alcance tanta antigüedad en Portugal y que luego pase a Canarias y América, manteniendo en Portugal y aún más en la región del norte del país, así como en Brasil, una extensión inusitada que lo convierte en un apellido frecuente.

Viene al caso recordar aquí cómo y cuándo nacen los apellidos, porque es conocido por los genealogistas que el apellido no era patrimonio de una familia, sino que se extendía a los nacidos en la casa, bien fuera integrantes de la familia o sirvientes libres y esclavos, a los que los propios señores otorgaban y regalaban el apellido para adscribirlos a la casa. A modo de ejemplo: Alonso el de los Machado era luego Nicolás Machado. También se ampliaba a los ahijados, y los abuelos y padres designaban el apellido de cada nacido y al momento del bautismo, de manera que era frecuente que varios hermanos tuviesen varios apellidos diferentes, elegidos de entre los de la familia. Lo cual confirma esta obra de la biografía de Manuel Machado de Azevedo, pues Machado es tanto su hijo natural Gonzalo, como el esclavo negro Alonso Machado, excelente buceador, según el autor.

Era también frecuente que los cristianos nuevos adoptasen el apellido de sus padrinos al bautizarse, por lo que hay linajes de ascendencia judía de las principales —si no de todas— las familias de Portugal, distinguiéndose estos linajes porque el yelmo del timbre en los cristianos es sustituido por algún elemento representativo del escudo, que, en el caso de los Machado, serán dos hachas o «machados» cruzados. Después de todo, el judaísmo es una religión y no una raza.

En el libro «Los Machado. Una familia, dos siglos de cultura española» del que es autor don Enrique Baltanás, surge un prólogo de Jon Jauristi donde se hace la siguiente pregunta retórica: «¿Eran judíos los Machado?» para luego contestar: «Evidentemente, no, desde un punto de vista religioso, pero lo habrían pasado mal si el antisemitismo hubiera irrumpido en España con la virulencia que mostró en la Francia finisecular». Y más adelante:

«Es más revelador, a mi juicio, el comportamiento de los dos poetas Machado [Antonio y Manuel] respecto a este asunto de su ascendencia. Manuel, como sabemos, alardeó siempre de estirpe aristocrática, refiriéndola a aquel oscuro marqués de Montebelo que escribiera una continuación del Guzmán de Alfarache. Dejemos a un lado el hecho que Montebelo y Belmonte hayan sido en Portugal sinónimos estrictos de cripto-judaísmo, por designar una comarca con alta población de cristianos nuevo». Obvia Jauristi que Montebelo fue título italiano de marqués y no apellido, para continuar «Montebelo es un apellido más frecuente entre marranos y judíos nuevos que Machado o Pereira», citando el caso del compositor Arnold Schönberg—montaña bonita, en alemán–.

Jauristi sitúa a los hermanos Manuel y Antonio en «el marranismo que no es judaísmo sino una tierra de nadie entre judaísmo y cristianismo». y a su juicio la temática literaria y personal de Manuel Machado «revela una conducta de ocultación y disimulo, característica del individuo de casta marginada que busca desesperadamente asimilarse».

Hay en Jon Jauristi cierta burla o condescendencia intolerante hacia los Machado, saga familiar del sur y por lo mismo de origen incierto, como –a su juicio– la del marqués de Montebelo, y además de conducta perezosa si se compara con los Maeztu y los Baroja y de él mismo, que traza la medida; lo que deriva en comentarios descalificadores más propio de un supremacista vasco, de profesión funcionario, totalmente innecesarios ante las colosales figuras a la que critica de manera tan feroz.

Por mi parte, dos son los intentos de publicar esta obra. En primer lugar, restaurar la verdadera filiación genealógica de la Casa de Machado, tanto en su línea de Geraz, como la de los Machado Miranda de Barcelos y distinguirla de las demás líneas que provienen del tronco común de su origen nobiliario y cristiano, como son las de los judíos nuevos o cripto-judíos portugueses y americanos, que también merecen el máximo respeto. Todo ello, sin mayores pretensiones, pues cada uno cuando nace se encuentra en un mundo que no ha elegido y en el cual ha de vivir, pues nacer es ocupar un lugar, un espacio propio que no ha de ser menospreciado ni segregado debido a creencias política, raza, religión o sexo.

En segundo lugar, resaltar la vertiente de escritor del marqués de Amares y Montebelo, don Félix Machado da Silva, que entretiene con las ocurrencias y anécdotas que vierte en este libro, cuya lectura, sin duda, resulta ilustrativa de la forma de vivir en una época determinada, que coincide con la de mayor riqueza de Portugal, cuando sus carabelas y galeones surcaban el océano Índico.

Obra literaria entretenida pero apresurada, donde la ejemplaridad de la verdad y la honra viene siniestramente adelantada, cuando el cardenal infante don Enrique descubre la verdadera naturaleza de don Manuel Machado de Azevedo, que es personaje atrapado en sus propias contradicciones, pero que sirven a Félix Machado da Silva, por su casamiento y gestas, para poder impostar su filiación.

Ahora, invito al lector a disfrutar de su lectura.

Vida de Manuel Machado de Azevedo

Señor de las Casas de Castro, Vasconcelos y Barroso, y de los solares de ellas, y de las tierras de ente los ríos Homem y Cávado, Villa de Amares, comendador de Sousel, de la Orden de Avis.

Escrita por el marqués de Montebelo, Félix Machado de Silva, Castro y Vasconcelos, comendador de San Juan de Concieiro, en la Orden de Cristo, su bisnieto y sucesor de su casa.

Se escribe a don Francisco Machado de Silva, su hijo, para que la imitase, como imitó hasta acabar la Filosofía en edad de catorce años y medio, en la cual fue Dios servido de llevarle para sí.

Hoy se da a la estampa para que estas dos vidas sirvan de dos espejos a don Antonio Machado de Silva y Castro, último hermano de seis que tuvo – sin contar a doña Eugenia da Silva que contrajo matrimonio con don Duarte Carneiro Rangel, también hija suya–.

Impreso con licencia por Pedro García de Paredes, año de 1660

Después de que los señores de entre los ríos Homem y Cávado, por el casamiento de doña Inés de Goes heredaron la villa de Lousan, Villariño y Pedregal –de los cuales fue el primer señor de esta familia Pedro Machado, su marido, tuvieron allí su casa, por quedar más cerca de la corte a donde asistían en muchas ocasiones.

De este matrimonio fue hijo Francisco Machado, que sucedió en ella. Casó con doña Juana de Azevedo, y de ellos fue segundo hijo Manuel Machado de Azevedo, que sucedió a su padre por no inclinarse el primero al estado del matrimonio.

Este se llamaba Bernardino Machado y fue del hábito de San Juan y comendador de Viveira del Hospital.

Con afectuoso amor se amaban estos hermanos y cuando el segundo en algunas ocasiones con palabras agradecidas representaba al primero, en el beneficio que de su mano había recibido, en dejarle la casa, de que pudiera ser señor, respondía:

–Callad hermano, que no lo hice de virtud, ni por quereros, sino por no poner cosa tan grave como es la honra de un hombre en cimientos tan ligeros, como son los corchos de los chapines, que a cualquier tropezón dan con un dueño en el suelo y con la honra en la calle.

Estos dos, con otro hermano más, a quien llamaban Simón Machado, se criaron en la Universidad de Coímbra, a pocas leguas de su villa de Lousan, y de allí se fue el mayor a Rodas para defenderla del turco.

Continuaron los otros dos sus estudios: gramática, filosofía y matemáticas, que era lo más que en aquellos tiempos permitía la vanidad portuguesa a caballeros que no habían de ir por la Iglesia; una y otra facultad aprovechó con perfección Manuel Machado de Azevedo que fue muy entendido y de gran talento en lo que emprendía, hombre de muchas fuerzas y singular ingenio para todo lo que intentaba.

Fue uno de los de a caballo que hubo de más fama en su tiempo y en el ejercicio de las armas pudiera ser maestro.

También supo de música, dando mejor que muchos; fue de los primeros que en Portugal tocaron el laúd con destreza, la cual tuvo también en la pintura y en la poesía.

Mucho parece esto en un sujeto solo, pero las ciencias y las artes se eslabona a quien las experimenta y no parecía mucho de todos estos ejercicios pues se divertía además con la caza.

Él fue el que dijo de los cuentos de ella y deseando el juego hace al hombre sospechoso. Se preciaba de traer para este efecto las cosas más exquisitas y extrañas, de que por ejemplo referiremos ésta sola: cuando mandó hacer una ballesta de las que entonces se usaban, de la cual volaba una saeta cerca de mil pasos.

Sáquenos de este empeño una peña –Penedo dice el portugués– en que está esculpida la misma ballesta, enfrente de la torre de Castro de donde la saeta volaba.

Dichoso siglo en que hasta las saetas de aquella casa volaban tanto, pero que mucho que hoy no vuelen se debe a que le cortó las alas la fortuna.

En todo género de caza se ejercitaba Manuel Machado, y particularmente gastaba más el tiempo en la de jabalíes, con gran dispendio de su hacienda, porque es tanta la ferocidad de estos animales en aquella región de Entre Duero y Miño, que para matarlos se colman las tierras de hombres y perros, y a unos y a otros matan estas fieras muchas veces. Cuando por respeto del tiempo, como allí llueve más que en otras partes no podía salir en el invierno, se andaba en casa a la caza de arañas, llevándole moscas a sus agujeros, a que acudiendo ellas las mataba.

Jamás estaba ocioso y por no estarlo hasta en la caza de tan venenosas sabandijas gastaba el tiempo. Es que el ocio engendra otras más venenosas, porque ninguno es más bien gastado que el que vigilantemente se ocupa en la expulsión de venenosas sabandijas, si las hay en la casa, o en la tierra a donde se vive, y se tiene dominio.

A todo género de volatería fue muy inclinado, y a las pesquerías de sus ríos –en que hay muchos salmones– por recreación en el verano.

Se entretenía en la agricultura de varias y exquisitas frutas y plantas, trayéndolas de partes extrañas.

No había en aquella región aceite y hoy de los olivos que mandó traer de Coímbra por la mar, se han multiplicado tantos olivares que hay solo en aquellas tierras y ribera del río Cávado más de veinticuatro molinos[7] de aceite, y va en tanto crecimiento que, a pocos años, como hoy lo tiene para sí, también le tendrá para sus vecinos.

Lo mismo sucede en varias frutas que allí condujo de la villa de Lousan y otras partes del reino y de fuera de él, y ésta es la causa de haber en aquella región más variedad de frutas de las que hay en otros lugares[8].

Lo que en él fue más de estimar estuvo en el desprecio que siempre hizo de las muchas habilidades de las que fue dotado, con que no le faltó

---

[7] El río que tiene un caudal fuerte se ha prestado de siempre a la instalación de molinos, siendo hoy empleado en planta hidroeléctricas.
[8] La región tiene zonas con un marcado clima mediterráneo que lo hace idóneo para las frutas como naranjas y limones.

esta parte de entendimiento, que es el entender, que ni todo se entiende, y quien al contrario lo diere a entender, entienda que no lo tendrán por entendido; más vale prometer poco y dar más, que ofrecer mucho y dar menos.

Así sucede a los que ostentan las ciencias y artes con demasiada presunción, que hacen concebir quimeras en la esperanza, que después aborta vanidades y conduce al desengaño.

Ya hemos referido que hizo buenos versos para aquel tiempo, y porque para el presente no pueden ser dañosos los de estas coplas que escribió a Francisco de Sá y Miranda, su cuñado, será bien que se vean:

I

Respondiendo a vos digo,

amigo, señor y hermano

que entre tanta confusión

no hay carta sin peligro.

II

En que corra a eso todo

todo correrá derecho

si se sabe andar con jeito

y prudente y sesudo.

III

Cuando den cauce los planetas

ten más altos poderíos

aquel que en el mar o en los ríos

entrena y pica a los poetas.

IV…

No alabemos los versos de estas coplas, pero la enseñanza, las sentencias, los conceptos y lo político de ellas, aunque por términos humildes, y voces groseras, al modo de que entonces se usaba no puede dejar de alabarse, pues de casi todas se puede sacar doctrina para que los caballeros que viven o van a vivir a la corte sepan cómo se han de portar en ella, y poder conseguir el colmo de sus pretensiones para la vida.

Digo que para la muerte ahí están los yermos, los retiros y los conventos, en donde pueden hacer muy diferentes penitencias si hay alguna mayor de la que es el de contradecir[9] por un hombre su propio natural.

Duro es de vencer este punto, del cual si se despunta una vez sola dan muchas en grandes despeñaderos para toda la vida, los que a la presente llaman vivir.

En el año de 1511, dejó Francisco Machado, su padre, la villa de Lousan, Villariño y Pedregal, al infante don Jorge, hijo del rey don Juan II, maestre de Santiago y Avis, duque de Coímbra, por la encomienda de Sousel y un juro en la villa de Guimarâes.

---

[9] contra hacerse, en el original.

Don Manuel II de Portugal

Esta fue la ocasión de pasar su casa a las tierras de Entre Homem y Cávado, por su fallecimiento, y para los aumentos de ella y casarse, volvió Manuel Machado a la Corte.

Más felices debían de ser aquellos tiempos y de mayor aplauso la virtud, pues no fue menester el discurso de muchos, para hacerse un lugar entre los cortesanos el que entre las zarzas y en las faldas de la Sierra de la Estrella había nacido, que también como en el cielo hay estrellas en la tierra para hacer más felices unos nacimientos que otros.

Este, fue con estrella regia y no de estrella errante, pues dando en él los rayos del más claro sol que hubo entre los reyes de aquella Corona, resplandeció más que todos los señores de su casa, con el valimiento de los rayos los infantes don Luis y don Fernando, hijos del gran rey don Manuel, del grande sol de Oriente, pero que mucho que en tiempos de tantas felicidades llegase a un entendimiento feliz de tener el premio que de su rey y príncipes merecía, pues en otros tiempos menos favorables vimos el desperdicio de otros mayores rayos con premios bien diferentes a sujetos que también lo eran[10].

Estas monstruosidades son más para admirar que desearlas, pues caducando en ellas la razón, como en lo monstruoso de la naturaleza, raras veces se conservan sin ruina, lo que de una violencia está pendiente[11]. Más valen méritos sin premio que premio sin méritos, el no alcanzarlos es defecto de la fortuna, el no merecerlo mengua de la persona. Solo a aquel pueden llamar dichoso, al que alcanza lo que merece. Qué importa ser ilustre por la sangre y dichoso por la fortuna si la virtud no califica aquella, ni los méritos aseguran ésta.

---

[10] El marqués de Montebelo hace una queja de lo bien que fue atendido su abuelo por el rey don Manuel el Venturoso, y lo mal que lo era él con Felipe IV.
[11] Se refiere a la pérdida de Portugal por sublevación del de Braganza.

Capítulo Segundo

Todo en Manuel Machado concurría en tanta parte, que las suyas fueron el principal instrumento de adquirir la voluntad de estos príncipes.

Fue Manuel Machado más que de mediana estatura, flaco cuando mozo, y de robusta y sana complexión, mucha agilidad y de muchas fuerzas, blanco encendido, ojos verdes, algo oscuros y no grandes, barba rubia, el pelo casi negro, cuando niño dorado, frente larga, como la nariz y no pequeña, traía corta la barba cuando mozo. La boca no grande, labios gruesos, de buen color, los pies pequeños, largas las manos y los dedos meñiques torcidos, en la punta hacia adentro, como siempre había tenido, y tienen los señores de la Casa, fue de gentil y agradable presencia. Honesto, y cortés, trato jovial y afable, con que se hacía amar de todos que generalmente a todos obligaba, en sus acciones modesto y grandioso en sus hechos. Fue hombre verdadero y sin engaños, y tan poco lugar tuvo en su casa la mentira que bastaba el descuido de una, por ligera que fuese, para despedir a un criado, y una de las condiciones con que los recibía era que hasta decir la primera mentira asistirían en su servicio, y en reconociendo de esta falta en cualquier caballero, se apartaba todo lo posible de confesarle e intimar.

Por eso no sería de este siglo Manuel Machado, pues no hay conversación sin esta falta. Todo lo muda el tiempo, y así en éste hasta la verdad peligra, porque muy pocas salen tan desnudas que no lleven algún velo de mentira y a veces su capa y con tantos ribetes que no has de conocerlas.

Decía muchas veces:

—La verdad nació libre, cautiva es la mentira; ésta es hija del temor y de la traición, aquella del desengaño y de la justicia; quien mirase a estos padres verá el provecho o daño que pueden causar sus hijos; y más vale ser libres por la verdad que esclavos por la mentira.

Se sirvió de algunos para administrar mejor y sucediendo faltar una cantidad de plata, el repostero se le quejó diciendo que:

—Solo un esclavo o vasallo suyo, hombre de buena reputación pudo haber entrado en donde ella estaba y sin duda había hecho el hurto.

Los mandó encerrar en aposentos y dividiéndolos a uno y otro dijo lo que sentía que dijeran una mentira, con esta diligencia sin más, confesó el esclavo que ambos lo habían hecho y que solo veinte mil maravedís había recibido. Preguntado el cómplice se le echó a los pies y confesó ser autor de aquel hurto, a que le obligara la vejación que le hacía la justicia vendiéndole su hacienda a pregones, por una fianza. Que todo el dinero de la plata lo tenía en su casa, todo el dinero que por ella le habían dado, menos los veinte mil maravedís del esclavo, y que pues había incurrido en aquella infamia, que le suplicaba que o le mandase quitar la vida, pues no había de padecer en presencia de sus deudos o se sirviese de recibir el precio de su plata, y de dejarle salir de noche, para que sin ser visto de nadie tomase por castigo de su delito el destierro de su patria.

Del arrepentimiento de este hombre fueron testigos sus lágrimas.

Ver lo que puede en pechos generosos la verdad, pues fue la reprehensión de este delito preguntar la cantidad de aquella deuda, y diciéndole el vasallo que quinientos ducados, los sacó de un escritorio y entregándoselos en sus manos le dijo estas razones:

—Tanta era la confianza que de vos tenía que si en esta ocasión me negarais la verdad, no lo tuviera por mentira, volveos a vuestra casa, pagad vuestra deuda, recobrad mi plaza y no os suceda más por tan limitado interés de perder la honra y por tanto costo de vender el alma;

todo lo habéis recuperado con no mentirme, y aunque no lo merecéis por la obra, estimo tanto la confesión que os doy palabra que si os enmendáis no saldrá de mi boca vuestra infamia.

Así fue, que solo por el dicho del mismo vasallo vino esto a saberse en nuestro tiempo, en que murió en buena reputación y crédito con todas las personas que le conocían. Esto puede y obra un verdadero arrepentimiento y tanto aplauso consigue quien con premio perdona sus agravios, que descubre sus mismas faltas a los agresores, para pagar con alabanzas en la muerte el beneficio que con obras no pudieron en vida.

No le sucedió así al esclavo, con darle libertad de allí a algunos días –para disimular más el caso– que hay libertades peores que cautiverios, tal fue esta con el precepto de no volver más a sus tierras, rigurosa pena por ser allí su patria, pero justa sentencia, pues condenó en este el pecar de malicia a un destierro y perdonó en el otro el pecar de necesidad con un socorro.

Si en el tribunal de la razón se sentenciaran los delitos a que la necesidad obliga, ligero fuera el castigo de los criminosos, pero el pecar solamente por pecar, todo el castigo es poco, todo el rigor es nada y todo el destierro es menos de lo que merecen tales delincuentes.

Será bien, será justo, será puesto en razón, que del amo al criado, del dueño al esclavo, del señor al vasallo, lo que por ley es humanas y divinas tiene este obligación de distribuir, aquel de depender y el otro de pagar; y que el vasallo use de traiciones con el señor, el esclavo de robos y el criado de todos, para estos son los castigos ejemplares, para estos el rigor de la justicia, para estos la venganza de los agravios, pero si la ambición del amo, la miseria del dueño, y la sinrazón del señor que los pone en extrema necesidad, no esperen finezas, no esperen fidelidades, no esperen lealtades, no tengan vasallos, no se sirvan de esclavos, excusen criados, si quieren librarse de traidores, porque los que dejan de tener temor al amo, o el respeto los hace exceder los términos de lo justo y pasar los límites de la razón.

Dichoso es el amo, feliz es el dueño y felicísimo el señor que en este siglo topa con sujetos tales, y si son por amor o por respeto no hay premio con qué pagarlos, ni honra que no se les deba.

Fue magnánimo y liberal, como lo manifiesta el ejemplo referido, jamás llegó pobre a pedirle limosna que no la recibiese de su mano, ni rico con necesidad que dejase de remediarla, decía que por humilde solo a villano estaba bien el decir no puedo, y por soberbio solos a los reyes el no quiero, y que en medio de estos dos extremos eran los caballeros con querer y poder.

Hasta en los príncipes no parece bien el no quiero, pero como entonces no había tanta razón de estado, algunos debían de decirlo, pues Manuel Machado los quiso exceptuar. Pecaba en idolatría la veneración que siempre les tuvo. Tenía en una pieza los retratos de ellos, a donde no entraba con sombrero en la cabeza.

Todo lo malbarata el tiempo, pues vemos que hoy no entran muchos caballeros a donde están los originales de sus príncipes por la vanidad de un sombrero, que a toros se concedió sin ser la lana de ellos del más fino castor, y por no enfuncharse en el desprecio del vulgo trae aquella letra del armiño, escrita en la idea *Posius mors quatri fedari*.

No hay cosa que más pese que la honra, pues obliga a los honrados a condenarse a un destierro perpetuo de la presencia de sus príncipes, primero que rendir el sufrimiento a la desigualdad de sus iguales, *potius mers quam fedars*.

No sé qué nos divierte a enmendar el mundo, si es lo que condenamos, y así lo aconsejaba Manuel Machado en las coplas que se han referido, pero volviendo a la dignísima reverencia que a los retratos de sus príncipes hacía, aunque nadie repasaba en ello.

Sucedió pues, visitarle un deudo suyo, y como los de fuera hace mayores reparos, echado de ver aquellas atenciones le dijo:

—Primo, ¿quién os ha hecho estos retratos de los reyes? Porque me parece que los estimáis tanto como si fueran vivos, y me agradan más otras pinturas que veo aquí de vuestra mano.

Reconociendo por qué se lo decía, respondió:

—Dios, y por quererlo él, sus santos, son dueños del corazón los reyes y los príncipes, aunque realmente le sean de algunos, con evidencia infalible no pueden saberlo, sino por conjeturas, y cómo vos podéis ver no he querido perder esta ocasión de vuestro reparo.

Antes de irse a la corte mandó prender a un mozuelo inquieto por un delito de amor, en que pesaba más el agravio que la ofensa, y por la desatención que había tenido, no obstaba nadie interceder por él, con que se estuvo así algunos meses.

En una ocasión de la fiesta que todos los años se celebra a santa Margarita, patrona de aquel mayorazgo, se ofreció a hacer una comedia y el papel de un rey un tío del preso. Era en prosa, como entonces se usaba, con que tuvo ocasión aquel rey de ordenar a Manuel Machado con mucho imperio, que mandase sacar de la prisión a su sobrino.

Así lo hizo, diciendo:

—Tanto es el respeto que a los reyes se debe, que aun a estos no parecerá mal obedecerlos.

Mostrando en esa acción que era más justo perdonar el castigo de la ofensa que el no obedecer a un rey, aunque fingido.

Con tanto exceso de amor pagó Manuel Machado el que a sus reyes le tuvo.

El vasallo que es cuerdo y tiene la voluntad de su rey, sirve con más voluntad y hasta los imposibles, como es mudar ajenas voluntades, como así se ve en este ejemplo.

Tuvo Manuel Machado carta del rey don Manuel, por la que le mandaba que con la brevedad posible enviase la mayor cantidad que pudiese de sus vasallos, para un socorro que se hacía a una de las plazas de África, era en el mes de agosto, tiempo en que al ponerse el sol sucede muchas veces, a la parte de la marina, toldarse el cielo de nublados muy encendidos –como en el día de la pérdida del rey don Sebastián, en que sucedió lo mismo– que fue visto el sol como un brasero de lumbre, y cómo en tales ocasiones pierde totalmente su luz; y esto hubiese precedido cuando Manuel Machado de Azevedo dio orden a sus capitanes para que levantasen a aquellos soldados por medio de ofrecerles adelantar dos pagas.

No hubo uno que se alistase, preguntando la causa, le dijeron que aquellas señales que habían visto en el sol decían del vulgo que eran pronóstico de malos agüeros para los cristianos que, si fueran en la luna, que tendrían por mal agüero para los moros y no faltarían soldados.

Oyendo pues Manuel Machado esto, y que con el temor de escapar de hacer la leva con violencia, se habían ausentado a los montes circunvecinos casi todos los mozos, disimulando por algunos días la ejecución rigurosa, mandó secretamente en una torre de su casa, fabricar un papel –a quien llaman en Portugal papagayo, y en Castilla cometa– hecho en forma de media luna, y beneficiándole con algodón, azufre, aguardiente, estopa y otros ingredientes, para detener el fuego por algún espacio, en una noche de aire, que allí no falta, la echaron a volar de la misma torre, que está en medio de entre los ríos Homem y Cávado, quedándose en la mano del que la echaba un bramante, de que iba asida a la media luna, y con este revuelto un hilo más delgado que con pólvora deshecha en vinagre estaba con tal artificio compuesto, que después de haber subido todo lo que de largo tenían los dos hilos, por este subió sin ser visto el fuego, a la Media Luna, que por más de un cuarto de hora estuvo encendida, y fue vista de muchas personas, que ignorando el artificio con que se obró y estar nublado el cielo, cuya luna verdadera estaba en la misma forma y pareja que la fingida, juzgaron todos que no era ficción, sino verdad lo que a la vista se les representaba, y ser presagio de infaustos sucesos para los moros, con que luego se alistaron más soldados de los que Manuel Machado quería, y que con mucho gusto fueron a servir en aquella ocasión.

Tanto puede la industria de los que con voluntad sirven a sus príncipes, que hasta las voluntades que rehúsan el servir, los traen a su servicio.

En prevenir desórdenes, en evitar inconvenientes fue único Manuel Machado.

El mudar voluntades para lo bueno, para lo justo, para lo honesto, es solo obra de Dios y de los buenos. El forzar voluntades para lo nocivo, para lo dañoso, para lo malo, es obra del demonio y de los malos. A estos vence el engaño, a estos otros obliga la razón. El ardid para la guerra no es engaño del que lo dispone antes, es de alabar el que lo intenta, si recibe engaño el que lo ignora, ese es el que se engaña, eso le vitupera y se condena, pues tiene obligación cada uno en su arte de reconocer los daños antes de padecerlos y juzgar sus efectos antes de experimentarlos.

Cosas hay que en la guerra contra el enemigo que son justas, aunque al parecer rigurosas, y otras que en la paz son terribles a los pueblos, aunque al disponerlas se juzgaron por utilísimas; estas llevan en el antídoto de su prevención el veneno del que las obra, y las otras en el rigor que con buena conciencia se obraron, el antídoto de su veneno.

No ignoraba el rey don Manuel su gran talento, ni sus ministros la capacidad de su discurso, y viendo que en él concurrían tantas partes juntas, le consultaron en el gobierno del Reino del Algarve, sin embargo, de su poca edad, –inconveniente grande para tales puestos–.

Le llamó el rey y le dijo por qué le había hecho aquella merced por juzgar que, aunque no peinaba canas daría buena cuenta de sí, para que de aquel lugar pasase a otros en que deseaba ocuparle.

Le besó la mano por la merced que le hacía, pero como no hay nadie perfecto y tuviese este caballero algo de balbuciente, repitiendo dos y tres veces la primera sílaba de las palabras, tomando ocasión de su misma falta para no aceptar la merced que el rey le hacía, le dijo que se espantaba mucho de su alteza hallar a propósito para despiste[12] de negocios, y partes a un hombre que para explicarse había menester dos tiempos más que los otros y que siendo aquel gobierno de tres años, era forzoso concedérselo por nueve, en que su alteza daría muerte civil a los pretendientes. Con estas y otras razones se excusó del gobierno.

Hizo su alteza instancias apretadas para que aceptase el puesto, pero no fue posible convencerlo[13], para lo que otros muchos deseaban, con esto se verificó el voto que decía de no aceptar puesto en su vida en que se tuviese de condenar nadie a muerte. Muchos se libraron de ella

---

[12] Despiente, en el original.
[13] De vencerle, en el original.

por intercesión suya, entre los cuales fue uno Gonzalo Coello, su primo, señor de Filgueiras y Vieira, como en su lugar se dirá.

Capítulo Tercero

Le tenían todos por hombre de gran verdad y que se preciaba de no mentir, ni aun de burlas, que ésta decía él, que eran ensayos para representar después las que verdaderamente lo eran, y es así que las consideraba una costumbre mala, de manera que, ni aun burlando, es bien que se ejercite.

Andaba deseoso el infante don Luis de cogerle en alguna mentira y como en una ocasión contase sucesos de sus casas que a veces son extraños, le dijo el infante:

–Repetid esto, Manuel, que me parece que en una de vuestras casas os he de cazar a vos.

Volvió él a repetir el cuento, palabra por palabra, y con el cuidado que puso en no decir una por otra perdió la línea de que tenía que hablar despacio por no tropezar con su lengua –como he referido–. Hizo la relación de modo que no pudiendo el infante suspender la rifa, por no haberle oído nunca hablar de aquella manera, se dio una palmada en la frente. Se mesuró Manuel Machado y volviendo el infante a decir que prosiguiese, le respondió:

–Perdóneme, que por no ver castigar en la frente de vuestra alteza los defectos de mi lengua, no contaré más nada.

Gustó tanto a aquel príncipe de este nuevo modo de hablar, que le mandó que no le hablase más de otra manera.

Hasta los defectos de Manuel Machado fueron efectivos[14] para las voluntades de príncipes.

---

[14] Efectuosos, en el original.

Supo el mismo infante en otra ocasión, que Manuel Machado estaba copiando en su casa el retrato de doña Juana de Silva –que entonces era dama de palacio y después fue su mujer– y para cogerle con el susto en las manos y ver si le negaba la verdad, o cogerle en alguna mentira, se fue a su posada, dejó a los que le acompañaban, subió solo a su alcoba, y poniendo el dedo en sus labios, para que los criados de Manuel Machado no le avisasen, llegó hasta situar las manos en la silla en que él estaba sentado haciendo su pintura, y volviendo la cara vio al infante que le preguntó:

–¿Qué es esto que pintáis?

–Nuestra señora –dijo con gran turbación–.

–¿De qué vocación?

Le respondió Manuel Machado:

–De Silva –que era el apellido de aquella dama que ocultamente galanteaba[15]–.

Librándose con ello el equívoco de palabras de una mentira en que aquel príncipe quería cogerle, se holgó mucho de ver cuán parecido estaba el retrato de la señora, y no menos de la velocidad de la respuesta en que Manuel Machado era felicísimo.

Piensan algunos caballeros de Lisboa –en donde hay muchos de altos pensamientos, y otros que piensan mal– en parecerles que allí está cifrada toda la nobleza del Reino y que por nacer allí se les debe mayor estimación, y conforme a las provincias a donde los demás han nacido les dan sus renombres y no dándosele a los naturales de Entre Duero y Miño, que los llaman gallegos, sin respetar el haber nacido en los

---

[15] Hay vocación de nuestra señora de Silva en la iglesia mayor de la ciudad de Oporto. (Entre paréntesis en el texto original).

primeros solares de aquel Reino, y en donde tuvieron principio muchas y muy ilustres y muy grandes casas de España y algunas de las suyas propias también, que no pueden negar los que saben pensarlo y son vistos en las historias, de que pueden verse que no hay rey ni gran príncipe en Europa que de Entre Duero y Miño no tenga algún abuelo.

Lo digo porque saliendo Manuel Machado un día, ya tarde, del aposento a donde estaba el infante, con quien se había detenido mucho, entraron otros caballeros, no tan validos suyos, para hablarle, al tiempo que el infante dijo a un mozo de cámara:

–Llama a Manuel Machado.

No oyó bien el mozo y preguntando a quién había de llamar, respondió uno de ellos –como cansado de esperar tanto:

–Al gallego.

–¡Gallego! Repitió el infante, es más portugués que vos, y sus padres y abuelo lo fueron y los vuestros extraños y no más conocidos, y mirad como habláis en mi presencia, que no gusto de oír, por gracia, cosas que pueden parar en desgracia.

Quedó suspenso aquel caballero y con razones frívolas trató de disculparse en lo que pudo, pero pudo tan poco, como sucede a los que mucho se arriesgan[16] porque por algún tiempo cayó en desgracia del infante, de quien era con anterioridad bien visto.

Tales eran las audiencias de estos príncipes.

Supo después Manuel Machado lo que había sucedido y dijo al infante con el mayor respeto:

---

[16] Arrojan en el original.

–Acaso sea exceder mucho los términos del honrarle y hacerle merced, porque ni él se despreciaba de gallego ni aquel caballero era merecedor de represión por darle aquel nombre, pues la provincia de Entre Duero y Miño en tiempo de los Godos se llamaba Galicia, y que no era peor ser de aquellos antiguos gallegos, que fueron los que de los moros conquistaron aquel Reino, que es el Portugal moderno; pues si aquel caballero hablaba como ha visto en las historias, su alteza había de agradecérselo y perdonarle, y si las ignoraba, que de piedad merecía el perdón.

Reparó Manuel Machado con una diferente herida a la que querían darle a lo gallego, que tenía por gala. Pues el entendimiento en los hombres es su mayor defensa y su ignorancia el mayor precipicio.

En una ocasión de fiestas mandaron los infantes a Manuel Machado que saliese en unas cañas –que se juega en Portugal con dos caracoles desencontrados y del uno al otro con ritos y reparos van jugando sus cañas los caballeros–.

Tenía dado orden el infante don Luis a uno de la cuadrilla contraria, que en la primera ocasión que pudiese tirase una caña a Manuel Machado, de modo que le hiciese reparar que lo hacía con gusto de acertarle, y que sintiéndose picado, en otro lance que Manuel Machado viniese sobre él, aunque se apartase algo de los límites del círculo de su cuadrilla, se fuese llegando a la ventana de palacio, en que viese a doña Juana de Silva, que él galanteaba, porque quería ver cómo se portaba en el lance. que o le había de ser forzoso dejar caer la caña para quitarle la gorra o parecer grosero si no lo hacía ante el paso de la dama, poniendo también a riesgo su presunción, tirando la caña fuera de tiempo, sin conseguir el efecto de su empleo, en que le tenían todos por singular.

Sucedió pues, el lance como estaba dispuesto, y cuando Manuel Machado se fio enfrente de a quien había de guardar el primer respecto, y de no hacerlo ser juzgado de todos por mal cortesano, al tiempo que iba a tirar la caña dio con la punta en la gorra, la gorra en el suelo, y la caña en su contrario, todo en un instante.

Se acabó el juego, que pareció guerra, como acaban guerras que parecen juegos, y fueron en mucha paz Manuel Machado y el caballero que allí hizo el papel de su enemigo a besar la mano a los infantes, que uno y otro fueron los que dispusieron las dos cuadrillas, nombrando las personas de que había de componerse.

Lo miraba el infante don Luis sonriendo y acabada su plática dijo a Manuel Machado:

—Muy bien lo habéis hecho, si no fuera por aquel desaire de la gorra.

—Aire fue, señor, —respondió Manuel Machado— y me marcó de buena parte el que me la hizo echar de la cabeza, y va mucha diferencia de echar y caerse con aire, a caer desairadamente.

—Con todo fue mucho, —volvió el infante a decir— no detenerla una de tantas Silvas —así llaman en Portugal a las zarzas— como llevabais por divisa en la adarga.

—Fue más la fuerza del corazón —replicó Manuel Machado— de otra más interior, que no pudieron resistirle las pintadas.

Se dispuso en efecto el casarse Manuel Machado con esta señora, que era hija del aposentador mayor Manuel de Silva, alcaide mayor de la villa de Soure y de su mujer don Inés de Acuña, ilustre por la sangre y por las partes personales más ilustres.

No fue mucha la dote, que el amor lo iguala todo, y así cuando le preguntaban cómo había dejado otros casamientos que se le habían ofrecido de grandes dotes, respondía:

–Que de las familias y casas la mayor dote era su mayor ruina, pues recibiéndolo uno, que es el que se casa, a todos sus descendientes cuando no la gastan, tocan por repartición sus efectos, y por entero sus defectos. La más justa queja que puede tener un hijo de su padre es dejarle rico de hacienda, que con el tiempo se gasta y puede adquirirse con el tiempo, y pobre de sangre o defectos en él, que no hay tiempo que los gaste, ni sol y rayos –reyes y mercedes, queremos decir– que serenen tales tempestades.

Desdicha grande, absurdo intolerable que padezca, sin culpa suya, un hijo o un nieto, un descendiente en lo más sensible que es la honra, la ambición del padre, los amores del abuelo, la ignorancia del ascendiente que estos son los tres caminos por donde las casas se pierden, y las familias se manchan.

Decía Manuel Machado:

–No hay caso más digno de compasión que el de padecer por ajenos delitos, ni delincuente mayor que el que a sus propios hijos y a toda su descendencia de un golpe quita la honra, que los honrados estiman más que sus vidas, que si les fuera posible tomar satisfacción de tales ascendientes no hubiera género de tormento que en ellos no ejecutaran.

Un prodigioso caso nos refirió un confesor, hombre de tanta vida y digno de gran crédito. Y fue que, habiéndose hecho merced de un hábito a un caballero de buena calidad por muchos lados, y de buenos servicios por todos, y deteniéndosele el hábito por donde se tenía él por más honrado, por segunda y tercera vez se hicieron pruebas y nada fue bastante para salir con su intento. Viéndose pues el hombre con la hacienda gastada y la honra perdida, y que no podía recuperarla ya de ningún modo, se fue al lugar en donde en dos honradas sepulturas estaban los dos cuerpos de aquel abuelo y abuela, y tuvo modo para entrar en la iglesia una noche sin ser visto de nadie, y abriendo la sepultura del abuelo, sin tocar a la de la mujer, por quien le venía el defecto, tomó los huesos de él y en medio de la iglesia los puso en un brasero de hierro, que para esto llevaba aparejado, con fuego bastante para quemarlos, y como al otro día se hallaron hechos cenizas y en la falda del brasero este mote abierto en el mismo hierro con su firma:

> Así se queman los huesos
>
> del que por oro buscó
>
> el hierro que me ensució.

Más vulgar fuera el caso si en la parroquia a donde sucedió no hubiera un caballero descendiente suyo, cuya diligencia lo desvaneció todo, pero justo es que por mayor se sepa, para que los que hacen malos casamientos tengan entendido que pueden tener descendientes de tantos bríos, que viéndose sin honra, quemen a sus propios huesos, por ser ya imposible tomar otra satisfacción de quien por su particular interés mancha la sangre de los que de él han de venir al mundo, a donde ni la fama, ni la sospecha perdonan a los átomos más indivisibles en la opinión de la limpieza.

¿Cuál es el corazón tan duro que llegando a ver en un caballero un defecto de estos no se lastima y no se compadece? Pues si en los extraños corazones, si no son de piedra, es este movimiento natural en ellos, ¿cuál puede ser la dureza del corazón de un padre?, ¿cuál su imprudencia?, ¿cuál su juicio?, ¿cuál su entendimiento y cuál su discurso?, pues a todos ciega la ambición del interés o el interés de un amoroso gusto.

Ateístas del honor son estos tales y aun menos, pues en la vida se pierden.

Capítulo Cuarto

Un año se detuvo Manuel Machado en la corte después de casarse, y luego se retiró a sus tierras y Casa de Castro, sesenta y tres leguas de la ciudad de Lisboa, en ella le recibió su hermano Bernardino Machado, que había vuelto de Rodas, con gran fiesta que de muchos meses estaban prevenidas para aquella ocasión, así en el río Cávado, al pasarle como después en Castro, que duraron por algunos días; y fueron: fuegos, toros, cañas, comedias, mascaras, músicas, suertes, danzas, folías, y todo género de festejo y regocijo que Entre Duero y Miño se usa y se hace con toda perfección, que por no alargar el discurso dejamos de referir.

Trató luego Manuel Machado de componer las cosas de su casa en lo accesorio y particular de ella, reformando alguna parte para al uso de aquel tiempo —que en este parece bien antiguo— ocupaba más sitio la muralla antigua de la parte de levante, y la redujo a breve término, subiéndola a lo más alto, con que casi quedan las cortinas y baluartes en igual planta, poco hay que no esté terraplenado a quince o veinte palmos y aunque para las armas antiguas, con barbacana, foso y parapetos parece fuerte, para las modernas débil por edificio y planta.

Cegó la mayor parte del foso para hacer más tratable la entrada, dejando la muralla y baluarte todo poblado de almenas, más para el agrado de la vista que para defensa de las armas.

Está en parte eminente a la vista, y por esto —con haber allí muchas fuentes— en lo alto carecía de agua. La sacó de una profundidad hondísima y por noria, a que sirven de maromas cadenas de hierro, y sube a lo más alto de Castro.

Mandó hacer otras muchas cosas, que por abreviar dejamos.

Había en aquella casa un tributo, pensión o feudo, que hoy se conserva en otras y particularmente en conventos de aquella región, era esto una cosa de mucho rigor, pues en la muerte, como otros en vida, tenía su finca por pensión a renovar. Era que cuando se moría algún casero, que tuviere casal de aquella casa, le llevaba en pensión la mejor joya o pieza que se hallase en la suya, a que llaman luctuosa, para renovar el tributo. Esto hizo quitar Manuel Machado de los plazos y libros de recibo de su hacienda, mandando a sus herederos, so pena de su maldición, no cobrasen más aquel impío derecho –exceptuando las que tocaban a propiedades de la corona, a que no podía poner leyes– porque, aunque el interés era grande, era mayor la pena que tenía de ver llorar huérfanos y viudas.

Tanta era su piedad que no se contentó con tenerla, pues quiso que todos los señores de su casa y descendientes suyos la ejercitasen.

En lugar de esta pensión de lágrimas a los pobres, y de desconsuelo a los ricos, a que, como decimos, llaman luctuosa, porque no faltase algún reconocimiento de más gusto a la casa de Castro. Mandó Manuel Machado que le pagasen otra, con título de placerosa, todas las veces que a los señores que fuesen de la casa de Castro les naciese el primer hijo varón, y que esta fuese una hogaza, un carnero y una calabaza de vino, y así se ha puesto en los plazos y libros de recibo, si bien algunos plazos dice que la calabaza sea de agua y la hogaza de ceniza, no se sabe el por qué, si bien se colige que el agua sería para el bautismo y la ceniza para el momento homo, que todas estas atenciones pueden juzgarse de quien supo morir como este caballero. Si bien puede tratarse de lo acostumbrado en épocas de hambrunas y escasez.

Es inclinada a pleito la gente de Entre Duero y Miño y particularmente los de aquel paraje. Para remediar las pérdidas que de ellos se consigue, mandó Manuel Machado a los escribanos de sus tierras que de todos los que se moviesen siendo civiles, les diesen cuenta. Se hacía así y mandaba llamar a los pleiteantes y los componía, pero las más de las veces sucedía que acabara poniendo de su bolsa a aquellos que no podía ajustarlos, que siempre excedía de la cuarta parte, y muchas de las tercera, esto decía él, que el componer a dos con su propia hacienda no era ser tercero, sino primero, pues como dueño árbitro de ellas disponía a su voluntad haciendo su gusto, dejando las más veces a los dos descontentos.

La hacienda de Castro de la que Manuel Machado fue señor y juez de paz, constaba de muchas quintas, que están divididas en más de quinientos casales[17], de estos se hacer plazos a los que los cultivan por tres vidas, y cuando el último no deja nombrado el derecho de la renovación del sucesor en el hijo que quiere, queda el señor de la casa con libertad para escoger el que le parece, y no quedando sucesión del último poseedor, le queda el casal libre para poder hacer de él lo que quisiere, dándolo de nuevo a otros.

Sucedió que al morir un casero suyo y dejar tres hijos, sin haber nombrado a ninguno en su derecho a sucederle. Eran los dos mayores hombres cavilosos, y como sabían que, aunque Manuel Machado tuviese aquel derecho nunca lo quitaba al mayor; para sacarle aquella cantidad que en las composiciones daba de su bolsa, se pusieron pleito uno al otro sobre ciertos otros bienes libres que quedaron del padre, de que luego dieron cuenta a Manuel Machado el escribano. Mando llamarlos, y con darles lo que acostumbraba los compuso luego. El tercer hermano a quien tocaba tanta parte de lo libre como a cada uno de los dos y lo habían excluido, viendo que no le daban nada, de lo que Manuel Machado dio para componerlos, movió un segundo pleito, y por vengarse

---

[17] Censos enfitéuticos.

a vuelta de él, probó por algunos testigos cómo había sido ficción y embuste de sus hermanos el pleitear para que Manuel Machado les diese lo que daba a todos los que componía. Se lo llevó a enseñar al escribano, hizo la relación de él, del que dicen que gustó mucho cuando vio el engaño que le habían hecho los dos hermanos, por tener ocasión de nombrar a este que tenía por hombre más de bien, y así lo hizo luego y mandó decir a los dos que:

–Pues se contentaban con lo que de él habían recibido por engaño, que él daba el casal al tercero, para desengañarlos.

La hacienda dividida en muchas partes y personas influye en ser pleiteantes, y ya con razón o ya sin ella, no puede conservarse sin contiendas y pleitos, cosa de que Manuel Machado fue muy enemigo[18].

Como tenía gran casa y daba a veces más de lo que podía, no tenía fama de rico, que es gran defecto para excusarlo. Razón por la que comenzaron a movérsele algunos y como siempre les daba principio aquellos que en su esfera se juzgan por no pobres, para excusar aquel cuidado que traen los pleitos consigo, mandó llenar de arena dos arcas y la superficie completó de algunos reales de a ocho, de modo que era plata lo que se veía[19] al abrirlos.

Cuando llegaban a moverle alguno con nuevos pleitos, daba cuenta de ellos a sus letrados y calificaba su justicia, y a las partes las llamaba, les mostraba el parecer de ellos, representándoles lo que en los pleitos se consume las haciendas, la inquietud del alma, el poco descanso del cuerpo, y la incerteza que puede esperarse de las sentencias, que han de

---

[18] Enemicísimo, en el original.
[19] Esta anécdota viene repetida de la reina Isabel la Católica para obtener garantía sobre préstamos de banqueros judíos.

ser juzgadas por hombres, siendo los hombres que más se engañan. Y, si con esto y el parecer de sus letrados no se conformaban, les decía:

–Otros dos letrados tengo muchos mayores que estos otros en defensa de mi derecho, y así será bien que los veáis para ver lo que os parece de su parecer de ellos.

Y abriéndoles las arcas les preguntaba:

–Para con vuestros cuatro reales queréis hacer guerra a estos nobles y valientes soldados que uno vale por ocho[20], y os han de vencer, y dejar pobres, gastada la hacienda y el tiempo perdido.

Muchos se dejaron vencer de sus razones y a todos venció con su justicia.

Fue Manuel Machado el señor de aquella casa que menos pleitos tuvo, a la cual han puesto pleito en su mayor ruina.

En nuestros tiempos, a petición de una señora viuda, llegó cierto oidor con orden de su majestad a hacer averiguación de su renta. Examinó testigos, y llegando uno que llamaban Álvaro Fernández de la Faya, hombre ya muy mayor y de buen discurso, criado que siendo niño había sido de su propia casa, y jurando en su dicho menos de la mitad de lo que los demás testigos habían jurado que la casa tenía de renta.

Le dijo el oidor:

–Esto es falso o los otros no juraron verdad.

–Como falso señor, –volvió el testigo– ¿vuestra merced no me pregunta lo que esta casa tiene de renta libre para los señores de ella?

–Sí, –respondió el oidor.

---

[20] Reales de a ocho.

–Pues si es así –repitió el testigo– verdad juré luego, porque la otra mitad que vuestra merced dice que renta de más no les toca a ellos.

–¿Pues a quién? –preguntó aquel ministro.

Y como era entendido Álvaro Fernández, por haberse criado con su amo, respondió:

–A vuestra merced toca y a los demás ministros con quien sus dueños la gastan, para defender la otra mitad que les queda.

TODO ESTO SUCEDE A QUIEN VIVE EN PLEITOS

Esto decía Manuel Machado cuando le provocaban a mover pleitos, a perdonar pobres, y aunque otros lo hayan dicho, sabía él ejecutarlos, como prudente y magnánimo caballero, en los cuales es más digno de alabanza los que saben perder con los pobres que los que con los ricos saben adquirir otros.

Él decía al respecto:

–Gran felicidad es excusar pleitos, que el que pleitea lo que come, no come la mitad de lo que pleitea. El que no gasta con liberal mano en los pleitos, pierde mano en ellos, y si el contrario lo hace, vence su justicia. El que gasta en ellos todo lo que tiene, vence muchas veces menos de lo que gasta.

Si es omiso en la solicitud por un punto que pierde, ya se pierde el pleito, y si es presuroso en ellos por un olvido vuelve a sus principios si lo entabla mal y la parte tiene más puntos, como un juego de tablas con ellas en la mano, la justicia en la causa se hallan sin salidas si topa con un juez de malos humos, no hay jarabe que reciba ni maná que le purgue: ya el que escribe, ya el que procura, ya el que aboga, ya el que relata, todos van hilando al fondo de la bolsa y todos danzan como les tocan; y al fin todo es un purgatorio en esta vida y un infierno en la eterna.

¿Pues que gloria se adquiere con los pensamientos que tal vez fuesen a envolverse en obras?

Este testigo jura en falso, aquel recibió cohechos, el otro quiso vengarse del agravio, o de la afrenta.

Si ha sido criado y jura por la parte contraria, ¿qué hay que no contradiga a un desleal criado?

Ya si es deudo o deudor, ya si es amigo o enemigo, ¿qué hay que no se sospeche?, ¿qué hay que no se presuma?, ¿qué hay que deje de pensar el que teniendo justicia deja de hacérsela o por malos testigos o por malos ministros?

Si todo esto se disimula, como es bien que sea para la gloria eterna, en la opinión de todos, para la del mundo queda un hombre menguado en cuanto vive en él.

Son los pleitos como las guerras, que comienzan por poco, y tal vez sucede acabarse por mucho, pide el uno lo que el otro posee, este le vence lo que él poseía.

Se presenta una escritura verdadera, la contradice otra falsificada. Hay ardides de pleitos, como los hay de guerra.

Se pone este civil y acaba criminoso y otro de un crimen del que resultan muchos.

Con la mano de la justicia pretende este vengarse, y con la del poder este otro le atropella. Se mueve por agravios y paran en afrentas y otros por afrentas que pagan con las vidas, éstas se acaban, las honras se pierden, las haciendas se destruyen, las conciencias se inquietan, no tienen sosiego, no comen con gusto, no logran sus bienes, no duermen su sueño.

Todo esto sucede a quien vive en pleitos, por más ajustado que ande a la razón, y si discrepa un punto tendrá otros puntos más malos de ajustar en la vida eterna.

El que no puede pleitear con el más poderoso perdónese a sí, pues no le ayudó más la fortuna, y el que ha de mover pleitos al que menos puede, perdónele a él, y sea liberal en perder algo, pues fue tan dichoso que con él fue pródiga la fortuna.

Capítulo Quinto

Tuvo aviso Manuel Machado de como el cardenal infante don Enrique, –después rey de Portugal– que venía a la sazón por arzobispo de Braga y fue a buscarle a Lisboa y le asistió en el camino con el desvelo que acostumbraba con estos príncipes[21].

Se detuvo en la ciudad de Oporto algunos días el cardenal, y se adelantó Manuel Machado a prevenir su recibimiento[22], que fue el más lucido que en aquella ciudad se ha visto, a donde los ingenios son notables y curiosos, bien entendidos, con espectáculo de: grandes hombres a caballo, inclinados a fiestas, que allí se hacen de manera tal que podían ser célebres en la corte del mayor monarca, en lo humano y en lo divino como en la curia del mayor pontífice.

Con gran destreza se ejercita la música, que es tan natural en sus moradores este arte que sucede muchas veces a los forasteros que pasan por las calles, particularmente en las tardes del verano, cuando se paran

---

[21] El cardenal infante Enrique fue hijo de Manuel I «el Afortunado» y de la infanta María de Aragón, según el Diccionario Histórico, corográfico, heráldico y biográfico de Portugal, y hermano menor del rey Juan III de Portugal. Fue arzobispo de Braga a los 22 años, de Évora y Lisboa, y Gran Inquisidor antes de recibir el birrete cardenalicio. Enrique llevó a los jesuitas a Portugal y los utilizó en el imperio colonial portugués. Fue regente de su sobrino-nieto Sebastián I y le sucedió como rey el 28 de agosto de 1578 tras desaparecer Sebastián en la batalla de Alcazarquivir. El rey-cardenal murió antes de que el Consejo de Regencia hubiera escogido a su sucesor. A su muerte le siguió una crisis sucesoria en la que varios pretendientes intentaron hacer valer sus derechos al trono portugués. Según explica Joao Ribeiro en sus Disertaciones... se encargó del gobierno una Junta formada por Jorge de Almeida, Francisco de Sá de Meneses, João de Mascarenhas, João Telo de Meneses y Diogo Lopes de Sousa. El 19 de junio de 1580 Antonio, prior de Crato, hijo bastardo de Luis de Portugal, hijo de don Manuel y por lo tanto siendo Antonio nieto de Manuel I se proclamó rey con el apoyo del pueblo llano. Ante estos hechos, Felipe II de España, uno de los principales pretendientes a la Corona lusa envió al duque de Alba al frente de un ejército para que derrotara al prior de Crato. Tras la victoria española en la batalla de Alcántara, Lisboa cayó con rapidez y Felipe fue elegido rey de Portugal con la condición de que el reino y sus territorios de ultramar no se convertirían en provincias castellanas.

[22] A prevenir su recibimiento en Braga, en el original, que no puede ser porque de allí partía al ser primado de Portugal, lo cual indica claramente de tratarse de una errata, ya que la ciudad era Oporto, la más imponente del norte.

a suspenderse escuchando los tonos, que a coros cantan, con fugas y repeticiones las mozuelas, que para ejercitar la labor de que viven les es permitido, por tomar el fresco, hacerla en la calle.

Al que ignora la música les gusta engañar pensando que la sabe y al que es diestro en ella desengañan, que de todas las artes es la naturaleza la mayor maestra.

Las fiestas del recibimiento de este príncipe en la ciudad de Oporto, las dispuso como a señor de ella, y las de su palacio Manuel Machado, como su valido.

Para referir éstas, fuera largo el proceso, para omitir esta otra, fuera corta, las atenciones de un descendiente suyo, y así digamos lo que nos toca, pues no todo puede decirse en volumen tan corto.

Entre las cosas que previno Manuel Machado fueron muchas y diversas invenciones de fuegos, que al tiempo de encenderse referiremos, y en el terrero del palacio, a donde a la parte de afuera cae la escalera, como se usaba en el tiempo antiguo, mandó plantar una arboleda de muchos y grandes árboles y debajo de ellos se ocultaba una cantidad de cubas de agua, con su portezuelas en la parte inferior, con tal artificio que al abrir una se abrían todas.

Mandó traer de sus ríos la mayor cantidad que fue posible de peces vivos en pipas, que se echaron en las cubas.

Al otro lado del terrero tenía otra estancia, que imitaba un bosque, en que mandó echar gran número de conejos, liebres, zorras y todo género de animales, que de los montes pudieron allí conducir cazadores y monteros.

Estuvo todo prevenido, de suerte que al punto que el cardenal infante echó el primer pie fuera de su litera, no había plantado el segundo en el suelo, cuando aquel terrero se cubrió todo de agua, con tan gran inundación y copia de peces, conejos, liebres, tasugos, nutrias, gatos monteses, , zorras, perros, galgos y todo género de animales y aves en tan gran número, que excedía a los de la gente de que aquella plaza estaba colmada como espectadores y súbditos.

El cardenal infante don Enrique I de Portugal, el casto.

Las voces y el rumor que en aquella imitada Arca de Noé la gente y animales daban y hacían era tan grande, que aturdió a aquel príncipe, que ya sacada de sus quicios su natural compostura, alargó los pasos hasta los primeros escalones, a donde viéndose libre del agua, dijo a Manuel Machado:

–Con este tenéis acreditado todos los cuentos de vuestras cazas, pues en un solo día y en una sola hora los habéis cifrado todos en esta plaza.

Respondió Manuel Machado:

–Antes los descifre, señor, porque como si fuera en cifras no quería algunos acabar de entenderlo.

En siendo ya de noche, salió su alteza a una ventana de palacio para ver el fuego de artificio. Se dio a dos castillos en medio de aquel terrero que gustó de ver mucho, y mucho más de doce galeras que en el aire suspendían otras tantas maromas, seis de cada lado del anchuroso río, que unas a otras fingían cañonearse, retirándose las unas, cuando las otras se acercaban y en fin fue batalla naval en el aire, que sin ningún desaire ninguna venció, y a todas las atrapó el fuego, y pensando el infante que se había acabado, yendo ya a retirarse, de improvisto se encendió todo el palacio por la parte de afuera, con tal artificio que ardiendo dos horas no se quemó nada.

Se remató aquella función con una gran salva de morteretes y algunas piezas menudas de artillería, que allí trajeron de la villa de Viana, y de su casa de Castro, de donde hubo algunas.

Por abreviar el discurso, dejo a los ajenos lo más que sucedió en esta entrada de un tan gran príncipe que venía a ser arzobispo y señor de lo espiritual y temporal en tan noble y antigua ciudad como es Braga, que después le veneró como a rey que fue de aquel Reino.

Con gran desconsuelo vivía Manuel Machado por no tener un hijo varón hasta aquel tiempo, teniendo ya tres hijas. Se sintió preñada su mujer de que parió a Francisco Machado.

Lo supo el infante cardenal, y luego le envió a dar la enhorabuena y a ofrecerse para hacerle merced de bautizar al niño.

No se lo pidiera Manuel Machado que era muy entendido no por no merecerlo, sino por el empeño de la consecuencia en que ponía a aquel príncipe al hacerle merced tan singular, que con las circunstancias nadie las había recibido en aquel Reino.

Y fueron ellas, que como una merced no es merced cuando no se publica, sino voluntad del príncipe, que tal vez se olvida por voluntad ajena de su propia voluntad, luego publicó ésta Manuel Machado, dando cuenta de ella a los infantes don Luis y don Fernando, los hermanos del cardenal infante que estaban en la corte de Lisboa, para que de su parte agradeciesen al cardenal infante una honra y merced como era aquella.

El ampliar mercedes es de ánimos reales, de corazones generosos el no estorbarlas, tales eran los de estos príncipes, que por singularizar más ésta, por un correo de posta avisaron a Manuel Machado que detuviese el bautismo porque ellos querían ir a ver al cardenal y ser padrinos de su hijo, por tener también parte en merced que él tanto estimaba.

¡Real emulación! ¡Generosa envidia! Hacer mercedes los príncipes a quienes las merecen, es mucho. Esperar que se las compren con la solicitud ya es menos, pero contienda de príncipes, emulación de príncipes, envidia de príncipes a los que la merecen, no es mucho. Emulación de príncipes, envidia de príncipes, por hacer mercedes a quien no se las pide, aunque las merezca, este es el Phenix de ejemplos semejantes.

Tanto, que a Manuel Machado llegó este aviso, y con gran desvelo dispuso las cosas de su casa para tales huéspedes, que, aunque no era pequeña, para aquella ocasión venía a serlo.

Mandó luego traer gran suma de madera, y en el campo que queda junto a Castro se fabricó un lugar capaz de poder aposentar toda la corte, que acompañó a aquellos tres príncipes y otras muchas personas que para festejarlos allí se juntaron.

La planta era cuadrada, y en el fingido muro, coronado de almenas que lo ceñía, hicieron ocho torreones, cuatro en las esquinas y cuatro en medio de la muralla, y en cada uno de estos una puerta por donde entraban al lugar y sobre todas cuatro pendían las armas de los infantes. Paraban en una plaza espaciosa y grande las cuatro calles, de modo que de fuera del campo por las mismas puertas se veía una gran fuente, que por diferentes caños corrió de agua y vino el tiempo que allí asistieron tan ilustres huéspedes.

Todo lo que representaba pared mandó blanquear, y lo que venía a ser tejado se dio de almagre, con lo cual y aquella disposición y planta tan regular y correspondiente en todo se alegraba la vista, y suspendía el discurso de manera que él ponía en duda lo que ella acreditaba, y no tanto el hecho, como el poder hacerse para tres días, en menos de sesenta fábricas que parecían para un siglo, y sin conservarse un mes, en su perfección se vio toda deshecha.

No es esto lo que más se admira, cada uno en su casa hace lo que quiere y lo que puede, Manuel Machado quiso, pudo e hizo.

Lo poco que aquellas cosas costaban en aquel tiempo, nos hace hacer reparo en este, y parece increíble que siendo aquel lugar muy grande, pues ocupaba todo el campo en que se hizo, que no es pequeño, y fue capaz de acomodarse en él, sin desacomodo alguno, más de seis mil personas que allí concurrieron, no llegó a cuatro mil ducados la fábrica de toda la obra, el sustento de toda aquella corte y más personas que allí se hallaron todo con la abundancia que Entre Duero y Miño se usa, y el regalo que a aquellos príncipes se debía en ocasión de tan triplicada merced, que siendo una sola y recibiéndola de todos con igual estimación, vino a ser única con ser hecha por tres infantes, y por concurrir en hacerse tres voluntades en una y singular visita; porque no hay ejemplo de otra semejante en toda nuestra Europa, ni aun en personas reales que así honra la fortuna al que desprecia intereses.

Todo lo varía el tiempo, en aquel valían las horas más que el dinero, al estar sujeto a día cierto, en este vale el dinero más que las honras, con valer hoy menos.

Trocar honras por intereses es de un corazón pobre, dejar riquezas por honras es de un ánimo rico. La interior pobreza, como es efecto de la ambición, todos los tesoros del mundo son cortos para enriquecerla, es insaciable, no hay oro que llene su vacío.

La riqueza del ánimo es parto de un corazón generoso, el mundo entero es corto a su desprecio, siente lo que no da, no estima lo que posee, vive este sin cuidado de guardar, muere aquel con desvelos de adquirir.

En atesorar riquezas sin depender riquezas, tanto valen al dueño como a su vecino hacer tesoro de honras, desear honras y recibir honras, es de ánimos honrados, estos las poseen y todos las veneran y de honras solamente fue Manuel Machado ambicioso.

Mientras, fue a la ciudad de Oporto a recibir a los dos infantes, que venían de Lisboa, y quedó a cargo de Bernardino Machado el perfeccionar todo lo prevenido, en que se excedió mucho.

Luego marcharon a Braga los dos infantes junto a Manuel Machado, para la prevención de aquel recibimiento, Braga se adelantó tanto en honrarles que una gran parte de sus moradores fueron a recibirles más de media legua.

No fue con Manuel Machado solo esta demostración de aquella ciudad, pues en otros tiempos vimos otras con los señores de su casa, que el agradecimiento y no la vanidad nos hacer referir en esta ocasión, siendo motivo de singular grandeza para los señores de Castro recibir tales honras de tan noble, ilustre y antigua ciudad como es Braga. Corte primera del rey don Alonso el Católico, que después de la pérdida del rey don Rodrigo fue el tercer rey que hubo en nuestra España, de Braga se llamó este gran rey, y a donde hasta las mismas piedras son testigos nobles cual puede ser la sangre, aun de sus más humildes vecinos, pues es cierto que la mayor parte de estos descienden de estas cenizas que en juicios cortos puede tiranizar el tiempo, estas estimaciones que en juicios grandes será tiranía el no confesarlas. Solo que esta vez, yendo con los infantes de Portugal, la algarabía fue aún mayor.

Suponiendo pues de esta maza la nobleza, y aun la plebe de aquella ciudad, juzgue el discurso qué cosas y que demostraciones haría viendo entrar por sus puertas a estos dos infantes a honrar a un vasallo de aquel Reino, a quien la misma ciudad con las que se han referido de aquel tiempo y de este, supo honrar tanto. Lo que se refiere es porque ha pasado lo que por demostraciones se ve que no necesita referirse.

Capítulo Sexto

Llegando a Braga los infantes, al encuentro de su hermano el cardenal infante, dispusieron el día del bautismo, que fue luego.

Iban estos príncipes deseosos de detenerse algunos días en Castro, para que Manuel Machado no malograse en el dispendio de sus prevenciones, no faltó quien dijese que la cortedad de la aldea no daría lugar para detenerse allí sus altezas, más de un solo día.

Lo supo Manuel Machado y por no lograrse aquella mala atención, previniéndose, suplicó particularmente a cada uno de aquellos señores que le hiciesen merced de detenerse en su casa un día y así lo hicieron los tres. Saliendo al otro día de la ciudad de Braga, que está poco más de legua de la Casa de Castro, llegaron a una sierra alta –puerto que llaman de Adausfe– de donde descubrieron los ojos de lo que emprendía ocultar la malicia. Así, preguntó el infante don Luis a Manuel Machado:

–¿Qué villa y castillo era aquél?

Le respondió:

–El castillo es el de Castro y la villa de los Infantes.

Pero como tuviesen noticias de la fábrica y reconociese el infante lo que era, dijo:

–Antes me parece que debe llamarse de los Nigrománticos, pues solo por su arte en tan breve tiempo se pudo obrar en construcción tanto.

–No dude vuestra alteza de esto –volvió Manuel Machado a decir– porque cuando lleguemos allá todo será nada para lo que yo deseo que fuese, porque no estén con incomodidades estos caballeros que con vuestras altezas vienen a honrarme –castigando en esto lo que habían dicho sus émulos–.

Tan ajustadas a la ocasión como esto eran las respuestas de Manuel Machado, que aun reprendiendo emulaciones obligaba con buenos dichos. Este era suyo, y por ser dichosos en dichos, se nos conceda que por sus mismas palabras le refiramos, pues fue notable en esto Manuel Machado:

«El reprender y obligar es dicha muy singular, pues piensa el hombre más sabio que es la reprensión agravio. Mal lo pensaban los sabios de aquel tiempo, si bien algunos de este lo piensan más mal; futilísimos son hoy los juicios del aire si ofenden; el advertir es afrenta, que es llamar a un hombre necio; el preguntar, mengua, pues confiesa serlo».

Estando en Castro llegó a pedir limosna un pobre niño que de los montes circunvecinos había huido de sus padres. Le preguntó cómo se llamaba de qué lugar eran, la causa de dejarlos, de todo le dio razón de lo que sus años prometían, gustó de oírle y le fue entreteniendo con preguntas de manera que enfadado ya el muchacho con más cólera de la que de él podía esperarse, le dijo:

–¡Válgame, Dios! ¡Señor!, qué caras cuestan sus limosnas si pregunta tanto, no le falta ya más que preguntarme por el cura, pero no le diré que su ama es moza, porque él me advirtió que no se lo dijese.

Le cayó tanto en gracia el niño que hizo de él hombre, y fue hombre honrado.

El que quiere saber, de todos lo consigue, y a veces más de lo que pregunta, y él que realmente es cortesano, como la abeja la miel, de entre las picantes zarzas y floridos abrojos, saca de humildes sujetos la dulce armonía del discurso, que a los discretos oídos más agrada.

Las grandes murallas, los soberbios edificios de humildes piedras se componen, si fueran de diamantes no hubiera ninguno, de muchas y pequeñas partes se hace un todo grande.

No es parto del ingenio despreciar las pequeñas por querer grandezas, son las de la ignorancia. De estas niñerías hacía Manuel Machado estudio, formando conceptos gigantes, más para agradar a príncipes que confundir Babilonias.

Llegaron pues estos al río Cávado, antiguamente Celando, y de una fingida gruta que estaba en una peña, que sus aguas cercan, salieron en un barquillo un viejo venerable que representaba el río con tres ninfas, que traían en las manos tres salvillas de plata muy curiosas y ofreciendo en buenos versos el tránsito de sus aguas, en los mismo fueron las tres ninfas a cada uno de los infantes presentando sus salvillas, llena la primera de jacintos, las segunda de amatistas y de cristales la última, piedras que entre las arenas de aquel río y sus márgenes recogieron.

Apenas había recibido los infantes sus presentes, cuando de entre los árboles de la otra parte le hicieron una detonación de salvas de pólvora más de dos mil mosquetes y arcabuces y todos en un tiempo tan conformes, que todos se oyeron juntos, y ninguno fue segundo.

Así lo tenía Bernardino Machado prevenido y de entre los nublados de la pólvora que entoldaron el sol, el aire y el río, salieron doce barcos imitando otras tantas galeras que divididos en dos partes fingieron una batalla de malteses –que hoy se dice así, y entonces eran de Rodas[23]– que luchaban contra los turcos. Estos con sus turbantes y los otros con sus hábitos de la Orden de Malta de la que Bernardino Machado fue aquel día gran maestre, dando a más de ochenta la misma cruz que traían. Venció San Juan, paró la batalla, se aclaró el aire, se vieron las

---

[23] Confusión del autor porque Malta y Rodas de siempre fueron islas distintas.

bien fingidas galeras, remos y forzados, y eran estos voluntarios músicos que para aquel tránsito tenían estudiado muchos y varios tonos vocales que cantaron divididos a coros por los peñascos del río, mientras los infantes y toda la corte pasó a la otra parte de las tierras de Entre Homem y Cávado.

Estaba el desembarcadero entre árboles y peñas, como hoy está, y de entre ellos salieron en figura de sirenas las mujeres de mejores caras que entre aquellas labradoras se hallaron, con sus sonajas y otros instrumentos de que usan en sus fiestas, cantando coplas, aunque no cultas pero significativas de la voluntad con que los recibían.

–Bien cantan las sirenas –dijo uno de aquellos príncipes a Manuel Machado–.

A lo que respondió él:

–Encantan a su modo y más encantarán si no temieran las visitas que por aquí manda hacer el señor cardenal para examen de sus vidas y enmiendas de sus faltas. –Y, rieron todos–.

En diferentes partes estaban arcos tejidos de varias ramas, flores, pajarillos curiosamente matizados y compuestos con tanto artificio que, imitando de lejos la pintura, de cerca divertía el natural que tanto cuesta el imitarles.

Llegando pues al lugar fingido, que no pareció menos, que si de verdad fuera, los recibió con salvas la militancia de sus vasallos, y mientras estos apagaban el fuego de sus cuerdas, en cuatro fuentes de vino que entonces corrieron a las esquinas de la plaza, dando vueltas por ella, los infantes fueron subiendo a Castro, en cuya primera sala besó la mano a cada uno de los príncipes doña Juana de Silva que les ofreció su casa, y retirándose adentro pasaron a otra pieza que llaman de los peces, por estar pintada de unas marinas y variedad de ellos.

Estaba el niño en una rica cama y enfrente de ella un gran aparador de mucha y lucida plata, que nunca allí fue poca, situándose a los dos lados el deán y dignidades de la ciudad de Braga, en medio de la pieza un gran baño de agua bendita, adonde haciendo aquel cardenal, como Paracho su oficio, y su patrocinio aquellos infantes, fue el día más célebre que jamás logró vasallo de aquella comarca ni de otra corona de que nos den noticia las historias.

Llamaron Francisco al niño, como su abuelo, y acabada la función el maestre de capilla, con toda la música de la iglesia mayor de Braga, cantó un *Te deum laudamus*, que por muchas razones tuvo lugar y causa de cantarse entonces, y siempre en bien cantarle o recibiendo mercedes una persona o deshaciéndole las mercedes, o viendo hacer las mercedes a otras. La primera porque a Dios y a quien las hace se deben alabanzas. La segunda por el desengaño que solo las de Dios son mercedes, y que no hay que fiar en mercedes hechas por hombres. La última porque hay mercedes y se hacen mercedes muchas para alabar a Dios solamente y poco para desearse mercedes.

Las mercedes en los hombres y los hombres en las mercedes son variables, son inconstantes, no tienen punto fijo, unos quieren que se las hagan, otros sienten que se las den y ninguno que se las quiten, pues: ¿Qué mercedes son las mercedes del mundo? Que todos tienen que sentir y ninguno está contento. *Te Deum laudamus*. Pues, señor, solo mercedes vuestras son mercedes, como ésta ha sido a todas luces grande. Grande porque las mercedes que se hacen sin pedirse son mercedes de gracia, llevan revuelta en sí la gracia del príncipe que las hace, que es su mayor grandeza y grandísima sí por medio del agua del bautismo y en nombre de las tres personas de la Santísima Trinidad: Padre, Hijo y Espíritu Santo, recibió el alma del niño vuestra gracia, y sus padres mucho mayor merced viéndole bautizado. De la que fue regocijo ver unidas en una misma voluntad las de aquellos tres príncipes: don Enrique, don Luis y don Fernando, para honrarlos en su misma casa y que a dos de ellos no bastó la distancia de sesenta y tres leguas que hay desde Lisboa a Castro, para asistir a una merced tan grande.

Todo lo alcanza y puede, todo lo consigue y logra y al fin todo lo merece un varón entendido, un valido desinteresado y un discreto cortesano.

Hubo en aquellos tres días en que en Castro se detuvieron los infantes: fuegos, cañas, toros, comedias y todo lo demás que en aquella región se tiene por festejos.

No se hace relación de los banquetes que en aquel país se tiene por mengua referir lo que se come, más solo quedó en la memoria que los pavos que en ellos se gastaron fueron reales de la India —los hay en Castro— y así reales habían de ser los banquetes que en ella se daban a personas reales, cuando no dejan de serlo lo que en ella se dan a particulares caballeros, y a eclesiásticos vasallos de ella, con los cuales no se hace diferencia, ni es razón que se haga siendo sacerdotes.

Al tiempo que se volvían a Braga aquellos príncipes, no quisieron hacerlo sin ver a su ahijado y a su madre, entraron a donde estaban y llegándose a la cuna dejó cada uno en ella su joya de diamantes, pero como Manuel Machado tuviese entendido que las dádivas de los príncipes como la prevención de ellas corre por ajenas manos, y a todos parece mucho todo lo que dan, siempre se reza de sus vísperas con mucha antelación, usando de prevención para este lance, había mandado fundir tres collares de oro muy curiosos, sacados de las minas que llaman las Freytas, que en tierra de Barroso hay entre los lugares de Cepioins y Ardaôs, que son del mayorazgo de Castro, y presentando doña

Juana de Silva a cada uno de los infantes un collar de estos y diciendo ellos que aquello era más enriquecerlo que regalarlos, respondió:

–Que ni era lo uno ni lo otro, sino querer su marido que las minas que en sus principios habían sido de los romanos y que de presente se hallaban en tierras de aquella casa –que sus altezas venían a honrar– les pagaba tributo como a príncipes de aquel Reino.

Son aquellas minas unas lagunas obradas más por ambición del oro que por manos de naturaleza, es capaz la mayor por su profundidad de nadar en ella una nao de las Indias Orientales, y de esta corte en el invierno un pequeño arroyuelo que es de donde se mete en el río que llaman de Puente Pedriña, en todas sus arenas y tierra de sus márgenes de donde se cierne el oro por un gran espacio, este se entra en el río Támega y luego en el Duero, y hay quien dice que de él tomó el nombre, y viéndose sin él le tomó de su puente, y es evidencia que siempre el mayor poder usurpa hasta el nombre del que menos puede, así lo haría el Duero con este pequeño río.

En el año de 1638 se les concedió por su majestad una provisión con facultad para beneficiar estas minas por tiempo de cinco años, y otra de azogue que hay entre los ríos Homem y Cávado. Siempre los aumentos llegan a los umbrales de la dicha, y siempre se deslumbran con cerrarnos la puerta la fortuna.

Tales son los mundos, tal es el mundo en todos, quien se engaña con él el mismo le desengaña, que todas sus grandezas son engaños y todas sus promesas engañosas.

Capítulo Séptimo

Se detuvieron los infantes aquel verano en la ciudad de Braga, en donde Manuel Machado los asistió siempre, así en las continuas fiestas que la ciudad les hizo, como en las monterías y cazas en que se divertían saliendo fuera de ellas, que era las más de las veces a Entre Homem y Cávado, por ser tierra más propia para su intento, o más a propósito para su atención, que siempre tenían de honrar a su dueño.

En una ocasión de éstas les tuvo Manuel Machado prevenida una gran merienda en el campo o monte que llaman de Potto, cerca del solar de la Casa y Torre de Vasconcelos.

Se pusieron las mesas junto a una más grande y copiosa fuente, por naturaleza hermosa, por artificio humilde; el agua es delgada, el color ninguno, fría por extremo, de gusto excelente; así fue la merienda, porque como queda aquel paraje en tierra muy hermosa, poco más eran los platos de ella, que las liebres que al mismo tiempo huyendo por allí los galgos encaminaban los avisteros y ojeadores a los cazadores, que para ello tenía Manuel Machado prevenidos.

Algunos juzgaron estarlo también las liebres, por haber sido muchas las que hay en aquel monte, y si no las hubiera tan digna de alabanzas es la prevención en dar gustos a príncipes, como de vituperio dilatar pesares, si fueron traídas o fueron halladas no nos hace al caso, el día sí que fue de tanto gusto para aquellos señores que dejaron su nombre a la fuente que hoy llaman de los Infantes, pues la fábrica de la villa de madera se perdió, por haberla desmontado el tiempo.

Deshacer memorias, ocultar memorias, oscurecer memorias, más parece descuido que vanidad en los caballeros sucesores de antiguas e ilustres casas, y es la mayor soberbia que en ellos se halla, porque hasta

el mismo tiempo que a todas consume, quiere les rinda parias en tener-
las presentes, y con sus horrores castiga el olvido la presunción grande
de su corto discurso, pues las honras en los tiempos presentes no honran
a los pasados y las honras en los pasados a unos y a otros honran.

El referir los padres a sus hijos grandezas de sus progenitores para
que los imiten, es virtud grande, el esconderlas para que se deslicen de
lo que ellos han sido es vicio de que nacen muchos, si el antecedente
freno de la honra no hace que paren en la carrera de ellos.

Pelear con los vicios en la mocedad es una batalla de gran peligro,
y si el general de ella que es el temor de Dios, en cuanto al alma y en
cuanto al cuerpo es la honra del mudo, no hacen sus recuerdos y animan
a la victoria y quedará vencido.

Valerosas palabras de un capitán prudente recuperan batallas ya
perdidas. Grandes ejemplos que un padre repite pueden moderar hijos
que van a perderse, y será gran delirio del padre si es cuerdo, el dejar
de hacerlo porque no le juzguen por vano.

Las vanidades que la honra forma solo la misma honra hinchan su
vacío. Honras envejecidas, honras heredadas, honras por naturaleza, no
podrán ellas dar vacío en ellas, ellas si puede en bajíos dar en escollos,
sumergirse en el mar de los vicios por las tempestades del tiempo, por
la ignorancia del piloto y fragilidad del timón, a que responden justicia
distributiva, falta de informarse, inhabilidad de la persona si se halla en
un extraño conducir al camino a aquel que va errado, si puede errar el
hijo no condenen al padre que le advierta en todo.

Perdónenme la digresión o rodeo, pues no es justo perdonar a la
enseñanza que con esta vida de Manuel Machado de Azevedo pretendo.

A cierto caballero portugués sucedió el caso, era señor de una gran
casa muy rica, muy limpia y de muchos vasallos, y titulado en ella. Era

bien entendido, que la mayor grandeza en un caballero era la honra, pero de sus abuelos sabía tan poco como luego veremos.

Sucedió pues que un día, hallándose él con otros, moviéndose la conversación de genealogía, de que él tenía poca, fueron alabando otra casa del Reino y no menos ilustre que la suya, los hechos valerosos de los señores de ella, la real sangre de quien descendían y otras grandezas de la casa, que a donde no las hay no saben añadir los portugueses, quedando pues suspenso este caballero, otro a quien no suspendía la malicia le preguntó:

—¿No es esto así, señor?

—Sí, por cierto, —respondió él— todo lo tiene este caballero bueno, si no fuera la nuestra.

Era esta una doncella limpia que, dejando de serlo, del uno y del otro vino a ser cuarta abuela.

Se rieron todos porque lo sabían y él se cortó[24] más aún porque lo ignoraba.

Los defectos en los otros que ignoran, los conocen tal vez los entendidos que se engaña con los suyos, pues medir calidades, comparar familias, ponderar casas, ajustar limpiezas es muy dificultoso.

Cuando de estas cosas se hablaba decía Manuel Machado:

—Seamos todos buenos porque no nos hagan malos, y así podamos decir hoy los portugueses, no seamos todos malos para que nos hagan buenos. El que habla mal algo tiene de malo, el que habla bien mucho tiene de bueno. Bajas palabras en alta sangre no se compadecen. Altas palabras en sangre humilde raras veces se hallan. Véngase con la lengua

---

[24] Se suspendió, en el original.

quien no puede con la espada, honra con palabras quien con ella supo vengarse. Ofender con palabras es de un ánimo vil, defender con la espada de ánimo generoso.

Así lo hizo Manuel Machado en algunas ocasiones que se le ofrecieron y acostumbraba a decir:

—Menos ofende una gran cuchillada que una mala palabra.

Al volverse a la corte los infantes, los fue sirviendo Manuel Machado hasta dejarlos en ella, de donde se volvió luego a sus tierras y en ella asistía al cardenal infante por la proximidad de Braga muy familiarmente, si bien no con tanta privanza en lo particular, en lo exterior no era menos, pues por intercesión suya hizo merced a muchos de grandes beneficios.

Raras veces salía de su sede de Braga que no le acompañase, y muchas de ellas a Entre Homem y Cávado a ver correr las liebres o volar perdices, halcones y azores, y a las pesquerías de aquellos ríos que son gustosísimas.

Hay en el río Cávado un pozo, el cual por su concavidad y retención de aguas puede competir con los más profundos de otros mayores ríos, es de tanto pescado que en nuestros tiempos vimos sacar de un lanzo veintitrés salmones, doscientos cincuenta percas[25] y truchas grandes y de otros pescados gran suma, sobre todo del que llaman «pego negro».

Deseaba el infante cardenal asistir a una pesquería de aquellas, y para hacerse con más perfección mandó traer de Lisboa dos indios pescadores de perlas a quien llaman buzos, que por la costumbre de su ejercicio detienen estos más el aliento debajo del agua que otros

---

[25] Rellos, en el original.

hombres y por esto son más a propósito para desenredar las redes de los troncos y raíces, que las avenidas del invierno traen a aquellos pozos.

Vino la ocasión de la pesquería, llevó el infante allá sus buzos y Manuel Machado los pescadores más diestros. Era el que mejor lo hacía un negro esclavo suyo, que por nacer en su casa llamaban Alonso Machado, con quien los buzos andaban en competencias sobre su arte.

A este tenía dada orden para que hiciese lo que luego referiremos.

Se echaron las redes, que llaman barrenderas, bajaron los buzos al primer desembarco y revezándose unos y otros echó de ver el infante que su prevención pudiera ejecutarse, por lo bien que los de Manuel Machado lo hacía.

Se picaron los buzos de oírselo decir y retando a todos salió el negro Alonso al campo de la competición, que entonces fue el agua, y al echarse en ella le dijo Manuel Machado:

–¡Mira lo que haces! Que si en presencia de su alteza no sacas en limpio la reputación que tienes no te consentiré que te llamas por más tiempo Machado.

–Estoy muy contento –dijo el negro– y por mi cuenta vaya el desempeño.

Se dio la señal y en un punto bajaron los tres juntos. Se detuvieron un largo espacio de tiempo, salió uno y otro buzo reventados, y viendo que el negro Alonso aún no había salido, dijeron al infante que era imposible no estar ahogado. Se entristeció mucho aquel príncipe porque naturalmente era compasivo, y viéndole así Manuel Machado le dijo:

–No tenga su alteza pena, que él saldrá vivo del agua.

Como al fin salió, con admiración de todos y gusto de su alteza, que recelaba mucho de que estuviera ya muerto.

Se fueron a Castro, que está de allí una legua y después de la cena refirió Machado a su alteza cómo su esclavo, por ser negro, no le habían visto cruzar el río por debajo del agua, y de la otra parte sacar la cabeza entre unos árboles que llaman Amiciros, en donde había estado todo aquel tiempo resguardado.

Gustó mucho al infante la burla y mandó llamar al esclavo al que le regaló como victorioso, lo que al doble hizo Manuel Machado con los buzos por ser dos, y así todos quedaron todos contentos.

Habían llevado preso a Braga a un vasallo suyo, sorprendido tres veces en un amancebamiento. La causa era justa, él casado, su mujer ofendida no pedía su libertad, desterraron a los cómplices por cierto tiempo, fuera del arzobispado.

Temiendo la mujer despechada que con aquella ocasión la tendría el marido de lograr sus amores en el destierro con la manceba, pudiendo más los celos que el amor que le tenía, y suplicó con grandes ruegos y lágrimas a Manuel Machado para que intercediese ante el infante, para hablarle de revocar la pena.

Viéndola él y reparando en su fealdad y desgaste, le dijo:

–Mañana sale su alteza al campo, poneos en parte a donde él os vea, que con eso tendré ocasión de pedírselo.

Hizo así ella, y al tiempo que pasaban dijo Manuel Machado a aquel príncipe:

–No repara vuestra alteza las montuosidades que produce esta tierra.

–Sí reparo, –respondió el infante, y pensaba que, si aquella mujer fuese casada, ¿cuál sería el desdichado a quien cupiese por suerte?

–No lo tendrá por malo al desterrado –volvió Manuel Machado a decir– si vuestra alteza le manda hacer vida con ella –y refiriéndose a su destierro y por qué había sido, envió luego el cardenal infante a su marido a su casa para pagar su pena.

De esta manera buscaba la ocasión Manuel Machado, aun en cosas más pequeñas, para usar del favor y merced que le hacían estos príncipes que el ser de otra, aunque sea pidiendo, es un tácito modo de mandar sin modo, una sumisión de pedir con imperio, que aunque al príncipe le ciegue el amor para reconocerlo, el pueblo –que no está ciego– lo ve para condenarlo y a voluntad del príncipe puede desearse, pero no forzarla, que a veces sucede es este el camino de perderlo todo.

Muchas manos dieron y favores pidieron a Manuel Machado todos los de su tiempo, a todos la tomó, más fue para besarla por merced que por su respeto hicieron, así como favores hizo.

Era grande el celo que tenía el cardenal infante don Enrique de que sus feligreses[26] viviesen casta y virtuosamente, virtud que en él resplandeció mucho.

Ya referí como Bernardino Machado desechó el casarse y no por ser casto. Había traído de Rodas a una Juana de Azevedo, hija de otro caballero de su hábito y griega por la madre, que era mujer era hermosa y de muchas partes.

Tuvo noticias el cardenal que sin ser casado hacía vida con ella, como si lo fuera.

Mandó a Manuel Machado que viese si podía dividirlos, hizo lo que pudo, y pudo poco, pues no bastó para apartarlos darle a ella la Torre, quinta y solar de los Velhosos, que llaman de Outeiro, con ser de

---

[26] Ovejas, en el original.

su mayorazgo, pero por estar lejos le mandó Barnardino Machado hacer otra casa a media legua más cerca, donde llaman la Bornaria, pero como el amor es como el rayo que adonde halla más resistencia opera con más fuerza, y el obedecer Bernandín Machado al infante cardenal, era mas respetar a su persona que a su jurisdicción, aunque por algún tiempo vivió con más cautela, no fue tanta que por sus centinelas dejase el cardenal infante de saber lo que pasaba.

Repetía nuevas instancias para apartarlos y viniendo a saber Bernardino Machado que un esclavo de su hermano era el que daba el punto de noticias, buscando ocasión, aunque pequeña, dio grandes quejas de él, para que le mandase pringar[27], como entonces se usaba, por cosas ligeras.

Naturalmente, era Manuel Machado compasivo, parte de él caballero y de valor, que a donde faltan estas virtudes los desacreditan mucho, hallaba la causa débil, buen cristiano el esclavo y el rigor grande, dilató la ejecución algunos días.

Viéndole remiso su hermano, disimulando la queja, trataba de irse a su encomienda del hospital de Olivera[28]; hizo esta resolución tanta fuerza a la piedad de Manuel Machado que venció su natural, y por no parecer ingrato a un hermano, de quien había recibido tan grandes beneficios, vino en el castigo, pero que, por no verle, fuese en el campo y no en su casa.

Como es ya largo este capítulo para referirle, en el siguiente proseguiré.

---

[27] Echar o despedir.

[28] Era frecuente que las casas nobles en Portugal dispusieran de una hospedería hospital, como capellanía laical en el Camino de Santiago, al que le sacaban rentas, como sucedió en la casa de Chaves, descrito por mí en el libro sobre dicha familia.

Capítulo Octavo

Prodigio grande y raro fue el caso de Bernardino Machado, pues acudiendo el cielo al socorro del piadoso amo e inocente esclavo, estando ya desnudo y atado a un poste para recibir castigo, a vista de la mayor parte de los criados y familiares de aquella casa, al tiempo que el ejecutor de aquella impía acción venía con el tocino y estopas ardiendo con gran llama para pringarle, un remolino de aire se lo sacó de las manos sin ofenderle, ni ser más visto por la gran altura a la que había subido.

Supo Manuel Machado luego del suceso, y al mismo punto montó en un caballo y debajo de una ventana en que su hermano estaba le dijo:

—Quedaos en hora buena en vuestra casa, que cuando Dios hace tales demostraciones por un esclavo inocente, mayores las debo yo hacer por Dios siendo pecador.

Y, terciando una lanza que en la mano llevaba, repitió:

—Quedaos en vuestra casa, que por él y por la fe ganaré otra con esta lanza, como nuestros abuelos ganaron ésta.

Se fue con gran prisa, y con la misma Bernardino Machado y su familia le alcanzaron en el río Cávado. Y allí, cual, a otro Joseph, el hermano mayor se postró a los pies de Manuel Machado, pidiendo mil perdones y le obligó a volver a Castro.

Se afirma que desde entonces vivió Bernardino casta y virtuosamente, que cuando Dios permite pecados, también a veces obra prodigios para enmienda de otros.

Supo Manuel Machado como los infantes don Luis y don Fernando iban a Cintra, y que en la caza de aquellos montes se habían de detener algunos días, pues así se lo avisaron; y como ellos gustasen tanto de él, hasta allá, aunque era largo el camino partió Manuel de Castro más a la ligera de lo que acostumbraba y llegando al lugar en donde ellos en un huerto acababan de comer, oyó que con los caballeros que le seguían estaban discurriendo sobre el buen suceso de aquella mañana, y diciendo uno de aquellos príncipes que solo una cosa había faltado para ser más celebre el día, respondió el otro:

—No se yo que podía faltarnos, si no es Manuel Machado para celebrar la jornada.

Acostumbraba Manuel Machado en estas ocasiones llevar consigo a cuatro esclavos que tocaban otras tantas bocinas, y al punto que oyó aquellas palabras les mandó que tocasen, y lo hacían con mucha diferencia de los otros, por la cual fueron conocidos de los infantes.

Entró entonces Manuel Machado y fue recibido de ellos con tanto alborozo como si les trajera a obedecerlos toda la caza de aquellos montes.

Referimos esto para que se vea que, aunque estaba ausente de aquellos príncipes, tan presente le hacían estar en su memoria el amor que le tenían que los obligaba el poco interés que en Manuel Machado habían reconocido en muchas ocasiones, que solo de honras se pagaba, pues al valido desinteresado le obliga más una demostración de éstas con afectuoso amor, que la mitad de una corona con la mayor riqueza.

Algunos días se detuvo Manuel Machado con sus altezas por aquellos montes en cuanto ellos gustaron del ejercicio de la caza, y acompañándolos de regreso a la corte se volvió a Castro, tan lleno de sus favores como de la envidia de algunos a quien por ellos no hacían tanto.

De él fue aquel dicho que en tales ocasiones decía:

–Más vale mal de envidia que bien de piedad. Nadie lo juzgue por nuestro, ni mal de envidia nos puede hoy hacer daño, ni bien de piedad provecho alguno. De todo hay en las cortes: gloria, penas, purgatorios y limbos, nos cabe las penas que es lo peor de todo, pues miserable fortuna no tiene envidiosos.

Asistiendo en unas cortes Manuel Machado como señor de tierras, –era en tiempos del rey don Juan III– perece que casi todos habían dado sus memoriales[29], y como él no diese ninguno, hizo su alteza reparo, porque deseaba hacerle merced, y para obligarle que pidiese alguna, dijo en presencia de muchos que hacía grandes instancias por sus despachos:

–Solo Manuel Machado no me ha pedido merced, debe de estar más contento que todos Vdes. con su suerte.

Respondió él, que se hallaba presente:

–No es por esto señor el no pedirlas, sino por recibir mayor merced en este reparo y porque de la que más necesito no puede vuestra alteza hacérmela.

Pensaron todos que lo decía por el desprecio que siempre hizo de sus prendas, siendo las que hemos referido, y el rey también, que le respondió:

–¿Tanto aceptáis vuestros fingidos defectos que veníais a ser defectuoso en esto?

---

[29] Empleado para las peticiones al rey.

No dejó la reprensión de agradar a los circunstantes, como con sus aspectos mostraron, pero Manuel Machado, que no perdía punto con aquello a quien la envidia ponía en puntos con él, respondió al rey:

–Las faltas que en mi talento reconozco, vuestra alteza puede suplir muy bien haciéndome merced, sin querer conocerlas; la de mi lengua, que sobre a tantos para pedir mercedes quisiera yo que vuestra alteza fuese poderoso, para que sin embarazo pudiese pedirlas.

Así lo hizo el rey, mandando darle cédula de recuerdo, que en Portugal llaman «Alvara de lembrança[30]» para hacerle la merced que él pidiese que de su casa o persona fuesen capaces de sentar empleo en lo que referiré luego.

Se criaba don Antonio[31], hijo del infante don Luis en el Monasterio de Acosta, de la orden de San Jerónimo, eminente a la villa de Guimarâes. Andando un día de caza, fueron sus monteros siguiendo a un jabalí hasta la casa de Cergude, solar de los Coello, a donde Gonzalo Coello, señor de Filgueiras y Vieira, vivía, y por matarlo debajo de sus ventanas los trató mal de palabras.

Dejaron estos el jabalí y fueron a quejarse a don Antonio, que como era niño y no bastare el caso[32], para hacer por él rigurosa demostración se disimuló.

Sucedió a los pocos días llevar la justicia de Guimarâes preso a un criado suyo. Preguntó quién había mandado prender a aquel hombre y se le respondió que el rey. Dijo entonces el alguacil:

–Pues yo lo mando soltar.

---

[30] Salvoconducto o albarán de libranza.
[31] Hijo natural del infante don Luis y luego prior de Crato, que fue derrotado por Felipe II de España y I de Portugal.
[32] Excediera el caso.

Los agravios en los príncipes se olvidan tarde. Con este suceso tuvo don Antonio ocasión de vengar al suyo, se dio cuenta el rey, llevaron a Gonzalo Coello a la corte y le sentenciaron a ser degollado.

Se mandó recado a Manuel Machado, su primo, para que en virtud del «alvara de lembrança» o cédula de privilegio que se ha referido, fuese luego a pedir su vida por merced.

Sin detenerse un punto fue a dormir aquella noche al Monasterio de Acosta, a donde dando cuenta del caso a don Antonio como a hijo de un padre al que tanto debía y respetaba, le halló ya arrepentido de los malos oficios que a Gonzalo Coello le había hecho.

Tanto obra la real sangre, que antes que lleguen al teatro de la venganza sus agravios suspende el cuchillo que ha de ejecutar el golpe en quien los ha hecho.

Dio carta don Antonio en favor de Gonzalo Coello para los jueces, que sirvieron más de crédito de su real ánimo que al perdón que Manuel Machado iba a pedir, porque antes de entrar en Lisboa se le concedió.

Supo en el camino como el rey estaba en Almeirín, fue a buscarle por aquellos montes en donde andaba de caza, y antes de llegar dijo su alteza a los que le acompañaban:

—O aquel es Manuel Machado o es su espíritu.

Al llegar él a su presencia, el rey le refirió lo pasado y juntamente reparando en una linda jaca que llevaba le pidió que cambiasen[33]. Subió el rey en el «Bugallo» que así se llamaba la jaca y Manuel Machado en el «Cisne» que era un caballo blanco en que iba su alteza.

---

[33] Trocasen, en el original.

Por memoria de este suceso para la casa de Castro y de Machado está hoy en un salón de ésta retratado aquel cisne, que antes de morir y después de muerto canta las glorias de este insigne varón, gozadas en aquella gloriosísima Esfera de Príncipes, que tanto le honraron a él y a su casa.

Manuel Machado pues, en aquella ocasión dijo a su alteza:

—Mucho se pega señor a los caballeros que habitan en el campo en no contentarse de nada, como los villanos, y besándole la mano por aquellas mercedes tan grandes a todas luces concedidas, le dio el «alvará de libranza» y con él un memorial en que le pedía la vida de su primo Gonzalo Coello.

Lo vio el rey y sin remitirlo a los jueces de la causa, allí mismo se lo concedió, no estando ya entonces en el mayor auge de su valimiento, como no es posible estar aquellos que o el desengaño del mundo o los engaños de los hombres los ausentan de sus príncipes.

Las mercedes que no se compran con penalidades son incentivos de mayores envidias, como sucedió aquí, pues viendo los caballeros que éstas se hallaban presentes en lo que había pasado, aludiendo a la divisa de las armas de los Machado, salió de entre ellos una voz que dijo:

—Gran golpe de machado.

Más grande fue su respuesta:

—Pasemos adelante, que no es mi intención cortar con las hachas o machados más puertas de ciudades y fortalezas, como mi antepasado hizo, rindiéndolas a sus príncipes.

Pero, volviendo al caso, les dio envidia parecer grosero aquel instrumento para conseguir aquellos favores en un príncipe indignado contra un vasallo que juzgaba atrevido, otros hicieron más pues no se juzgaron por tales, que también en las desdichas hay buena y mala formas.

Por aquí puede juzgarse cuáles serían las emulaciones, las envidias, y opinión en tiempos de su mayor valimiento, porque la familiaridad conque los infantes don Luis y don Fernando le trataban cuando asistía en la corte era tanta, que muchas veces le sucedió decir que aquello no era hacerle merced, ni favor, sino avergonzarle y dar ocasión a que la envidia le hiciese mal visto[34], no siendo él de nadie ni dando causa para serlo.

Cuando algunos amigos le decían cómo se aprovechaba más del tiempo y de la ocasión al tener la voluntad del rey y de aquellos príncipes a su favor, él les respondía que quien tenía lo más que era poca cordura pretender lo menos.

Era tanta la atención y respeto que tuvo a sus príncipes que no había cosa que más sintiese que le dijeran que era valido suyo, y era en tal caso su respuesta:

—Bien visto sí. Valido no.

Con toda esta humildad usaba de sus favores Manuel Machado, cuando otros que no eran más que él no tenía tanta, y así, aunque a los osados siempre favoreció más la fortuna, no se la envidiemos, que fortuna forzada no es fortuna, pues si tal vez conserva parte de lo que adquiere, otras vienen a perder más de lo que tenía.

De los ambiciosos es el hacer fortuna, pues fortuna que se hace puede deshacerse y fortuna que viene puede conservarse. Las fortunas cuyos cimientos se edifican en la ambición tiene más de desdicha que

---

[34] Malquisto en el original.

de fortuna. Todas estas fortunas tuvieron por infortunios Manuel Machado, que fue muy entendido y constante y no quiso en su casa reveses de fortuna.

El entendimiento entre los doctos elabora más la amistad que la sangre, el parentesco de ella es muy inferior al del espíritu, que como este es más noble son más fuertes los vínculos de sus lazos.

Continuaron las escuelas en un mismo tiempo de Manuel Machado y de Francisco Sá de Miranda, que la simpatía del entendimiento hizo amistad y afecto con apretados nudos.

Quiso este caballero tomar estado, y por no errar el modo de pedir a Manuel Machado la mano de su hermana doña Briolanza de Acevedo, intentó que el rey don Juan el tercero, de quien era bien visto, le hablase de ello.

Lo hizo su alteza y tuvo luego efecto y, sin embargo, de su edad mucha, poca hermosura y la dote menos, que de todo se desengañó, como amigo Manuel Machado, pero era tan entendida doña Briolanza que mereció que este insigne varón la quisiese con tanto exceso que murió de pena de habérsele muerto.

Vino Francisco de Sá a vivir a la Tapada, en las tierras Entre Homem y Cávado, quinta y bosque ameno por naturaleza y arte, que hoy posee Vasco de Azevedo Couriño, señor de San Juan de Rey y Tierras de Boro, su tercer nieto, y en aquel tiempo las musas de quien logró los favores que de sus sentenciosos versos se reconocen, no de menos gloria para aquel feliz entendimiento y sus descendientes, que hoy se hallan honrados con títulos de España, que para las tierras de Entre Homem y Cávado en donde ellos se hicieron y otros muchos que malogró el tiempo y la poca curiosidad de las manos en que pararon.

Quedó en la casa nuestra, copias de cartas suyas y de Manuel Machado, de las que algunas son vivas, pero las más toparon con gente moza, a quien las sentencias de los viejos parecen inoportunos documentos, y arrinconándolas sirvieron de crianza o juego[35] a los ratones pudiendo serlo de príncipes.

Todo lo que es extraño en la mocedad se desprecia, y lo que sale de la corte no tiene lugar en la aldea, como si fuera la habitación de Circe, y otra de Minerva o se obligara más la naturaleza a los de Atenas que a los de Sayago, o no fuera posible en nuestro antiguo idioma con palabras que hoy hallamos groseras, explicar los hombres su sentir, como en lo moderno, compuesto de voces extrañas y tal vez menos significativas.

Al fin, fue tan grande la pérdida que jamás dejaré de sentir la falta de estos papeles.

Hago un inciso para biografiar a Sá de Miranda. «Francisco Sá de Miranda, nació en Coímbra, en 1481, hijo natural del canónigo de Coímbra Gonzalo Mendes de Sá y de Inés de Melo, adquirió la legitimación de hijo legítimo con nueve años. Estudió Leyes en la Universidad de Lisboa y enseñó en esta Universidad donde compuso con otros autores el Cancionero General de Portugal, antes de marchar de viaje a conocer mundo. Este viaje recaló en Italia y decisivo en su obra, al entrar en contacto y adquirir la escuela de los más importantes autores del Parnaso y en donde residió cuatro años, y más concretamente desde 1521 a 1526. Entabló relación con autores renacentistas como Sannazaro y Ariosto. Fue allí donde vio la necesidad de adecuar la literatura portuguesa a este modelo, e incorporó al portugués el soneto, el terceto,

---

[35] Crianza, que es juego en portugués.

la octava y el endecasílabo, pues en octavas fue escrita la *Fábula de Mondego y la égloga Alexo*. Innovador dramaturgo en prosa, pues escribió: *Los extranjeros en 1528*, de temática moralizantes y con tópicos propios de la estética renacentista.

Luego volvió al estilo tradicional del Cancionero con sus Cartas, escritas en redondillas. Falleció en la Hacienda La Tapada, en 1558. Casi toda su obra poética fue recogida en el volumen Poesía, publicado un año después de su muerte. Menos la parte de su obra que se perdió y que cita Félix Machado da Silva, marqués de Montebelo y de Amares».

Más proseguía en sus coplas Manuel Machado, pero como la última de éstas prueba nuestro intento, nos pareció parar en ella.

En este punto de la poca estimación que siempre los portugueses hacen de sus cosas, también Francisco Sá de Miranda era del mismo sentir, como puede verse de la redondilla que se sigue, que anda impresa en sus obras:

> Cuando en este valle estoy
>
> Cualquier otro que aparece
>
> Mucho mejor me parece
>
> No es así cuando me voy.

No fueron los dos solos los que en la nación portuguesa condenan este defecto. Véase Camôes y veamos el suceso de su heroico poema, pues mereciendo por él ser dignamente llamado príncipe de los poetas, primero lo canonizaron los extraños en aras de la fama que en las de la estimación fuese beatificado de los suyos.

Los monstruosos partos de naturaleza, sus mismas madres los esconden, las ajenas los publican. Son como las minas que revientan por su daño.

De ellas lo dijo el español Lope Félix de Vega, que con justa causa podemos hoy llamar Lope Fénix de Vega, pues tantas han nacido de sus cenizas en lo cómico, que con sus raros ingenios hicieron vulgar en Europa lo que fue raro en él.

De aquí a algunos años lo mismo se oirá de nuestro natural, de nuestro patricio y familiar amigo Manuel de Faria y Sousa, dignísimo talento de gran alabanza, dejémoslas a sus copiosísimos escritos. Salga su Europa, su África, su Asia y su América y verá el mundo que no nos ha de engañar el afecto en publicar elogios tan debidos a un hombre, que siendo tal, desamparado de su patria, se valió del amparo de nuestra casa cuando no la teníamos, con que no pudo servirle más que de una muerte civil, pues diez años vivió en ella, y en ella murió desengañado del mundo, como gran cristiano católico que era.

Dejemos vidas ajenas y volvamos a nuestro asunto.

A toda persona estimaba Manuel Machado con afable generalidad, pero con diferencia y gran respeto a los entendidos.

Concurrieron a visitarlo dos hermanos, personas nobles de aquella región. Era el mayor hombre muy rico, y muy entendido el segundo –que tal vez la falta de los bienes temporales aumentó los de su espíritu– inclinándose más a este Manuel Machado, en el discurso de la plática. Un gentilhombre suyo, que reparó en ello, tuvo ocurrencia de decirle:

–Parece que vuestra merced se aficiona tanto a nosotros que entiendo que se olvida que podrá haber menester a su hermano en ocasión de falta de dineros.

–Callad –respondió él– que éste me comunica sus riquezas de antemano y no puedo dejar de agradecérselo y al préstamo ha de proceder primero la necesidad mía a la voluntad suya, y una y otra están aún por averiguar.

Atenciones a intereses no se hallaron en Manuel Machado, ni con los príncipes ni con los iguales, no con los súbditos.

No se acostumbra allí servir con salario, sino con lacayos y gente a este modo. Así, se ofreció recibir algunos, y dijo el caballerizo que tenía dos mozos gentiles, de buena disposición y cuerpo, y que eran hijos de un vasallo y casero suyo, si bien de poco respeto, porque pedían el doble de salario que el que acostumbraba a darse en Castro.

Mandó llamarlos y era víspera de enero, que allí acostumbran los labradores cantar aquella noche por las puertas sus coplas, que llaman *de buenos años*, otras tienen también que cantan a los noble, y éstas llaman *de reyes*, en víspera de ese día, y si truecan las manos en cantar *Buenos Años* al que quiere *buenos Reyes*, algunos se las ponen a los músicos y sale de palos el naipe que esperaba de copas, y como Manuel Machado siempre tuvo la de *Buenos Reyes* y no despreciase nunca los *Buenos Años*, se lo cantaban siempre sus criados como hoy los más cantan a quien sirven; entraron en el número de ellos estos dos mozos con no estar aún recibidos por tales, se quedaron en Castro aquella noche para cobrar su aguinaldo, como acá se dice, con los demás y al dárselo les preguntó Manuel Machado:

–¿Por qué pedís el doble de sus salarios?

Ellos le respondieron:

–Que el pedir toda aquella cantidad no era para que se la pagase, sino para descontarles otra tanta que de las pensiones de su casal le debían.

Mandó Manuel Machado traer el libro de ellas y hallando ser así rayó la deuda, diciéndoles que ya habían cumplido el año con haber entrado en su casa en el pasado y salir en aquel, y que pues estaban libres de la deuda podían irse a servir en hora buena a quien les pareciese, porque él se contentaba con los buenos años que le habían cantado y los envió sin servirse de ellos ni ser bastante muchas intercepciones que para servirle buscaron, a las cuales decía, que cuando los criados no esperaban más de sus amos que raciones y salarios, que o los unos o los otros no habían de ser buenos.

Sobrevino un año de mucha hambre. La tierra quedó corta de cosechas, mucha la gente, poco el pan, la insuficiencia precisa, lluvioso el invierno, esterilizado el mayo, de modo que hasta a los más ricos apretaban la necesidad en gran manera.

Mandó Manuel Machado al despensero que no saliese pobre de su casa sin limosna, como a todos se daba y concurriesen muchos, vino a decirle un día que cincuenta quedaban sin ella, por parecerle que tendrían menos necesidad, por no ser tan pobres como los demás, y que, del pan de la familia, que es más basto, no había más que para ella.

–¿Qué tenéis del otro? –Dijo Manuel Machado.

Le respondió:

–De cincuenta y un panes y que los arroyos iban tan crecidos, que no habría lugar de moler el trigo.

Volvió Manuel Machado:

—No es buena excusa, a vientres menguados ni ríos crecidos ni ropa más sana pueden quitar la limosna, dad los cincuenta panes a estos pobres, y os quede el uno para comer vos, mientras bajan los arroyos y se muela lo que he de comer yo.

Nunca reparó en su propia necesidad y para auxiliar las ajenas eran las suyas.

Con ser en aquel tiempo tierra de más pan la provincia de Tras os Montes, la apretó más el hambre en aquel año.

Tiene la Casa de Castro en ella los lugares que se han referido y otros a donde al tiempo de cobrar y vender los frutos de que constan sus rentas asisten a ello otros criados de la Casa.

Volviendo uno al lugar de Zapelos en una ocasión de éstas, halló que le habían entrado en el celero o silo y que faltaba de él una gran partida de trigo y centeno; avisó el guardés a Manuel Machado del hurto y que había ciertos indicios de que un casero suyo con su mujer lo habían hecho, porque siendo los más pobres del lugar lo pasaban mejor que algunos ricos.

Importa decir sus nombres y callaremos los apellidos por no publicar infamias que el tiempo mantiene ocultas. Él se llamaba Joseph y su mujer María.

Procedió la querella y se averiguó el robo, los prendió la justicia de Monte Alegre y antes de sentenciarlos dio cuenta aquel criado a Manuel Machado, que metiendo los ladrones a un niño que tenían atado con una soga por una reja en el granero, poco a poco, en diferentes noches habían sacado toda la cantidad que le faltaba.

Le respondió él:

–Si no han abierto mis puertas ni falsificado sus llaves, no prosigáis con ocultarlos, porque sacar a un niño tanta copia de pan por esta reja solo el niño Jesús le podía dar las fuerzas con que lo hicisteis, para sustentar a sus padres Joseph y María.

Con esta gracia perdonaba Manuel Machado lo que con cólera pudieran otros castigar con aspereza.

Una viuda pobre vino a pedirle un socorro para casar a una hija, se la alabó tanto en el discurso de la plática y con tales palabras que llegó a reconocer que deseaba emplearla con él. No fue casto Manuel Machado, que solo este defecto tuvo, pero en el estado del matrimonio en que él entonces vivía estaba contentísimo.

Viendo pues él que la mujer se iba declarando y que su pobreza, aunque era noble, la había puesto en aquel miserable empeño, levantando la cortina de una puerta que iba al estrado de doña Juana de Silva, mandó entrar a la viuda que turbándose no acertó palabra ni razón con qué decir a lo que venía.

Apretado fue el lance para la pobre mujer, en que muchas pudieran embarrancarse, pero tomando él la mano para sacarla del empeño en que la había puesto, dijo:

–Aquí viene Narcisa a pediros que recibáis en vuestro servicio una hija suya de buenas partes, y no tiene con qué casarla.

La recibió luego, y vacando de allí al poco tiempo un oficio de sus tierras se lo dio y la casó con él casero.

Tanto era el celo que tenía de amparar huérfanas y a honradas viudas.

Andando un día de caza en lo más montuoso de sus tierras, topó con un pastorcillo que guardaba ovejas, y que viéndole pues las rodillas hincaron en tierra y juntando las manos, como si fuera a Dios, las levantó al cielo, para en aquella forma hacerle cortesía.

Lo mandó levantar, y lo rehusaba el muchacho por ir medio desnudo y pensar que así resguardaba más sus vergüenzas.

Le preguntó quién era y le contestó que hijo de una viuda.

Sacó la capa de monte que llevaba puesta y se la arrojó diciéndole que se la llevara a su madre para vestirle y dijese al cura que le enseñase el modo de hacerle cortesía, porque aquella solo a Dios y a sus santos era justo hacerse.

De sucesos de estos pudiéramos referir muchos explicativos de su gran piedad, que con liberal mano ejercitó con todos. Lo pregonaba su fama, los buscaba la pobreza. Los que le conocían le estimaban por ello y los que no le trataban por esto deseaban conocerlo.

Para esto vinieron a buscarle dos hermanos caseros o tributarios suyos, de los lugares de Tras os Montes, que he referido, con un gran regalo de perdices, conejos y otras cosas que se dan en aquella provincia.

Los recibió con mucho agasajo y reconociendo en ellas la misma falta que tenía en su lengua, no pudiendo sufrirle el corazón dejar de llevarlos a donde estaba su mujer doña Juana, entró con ellos y a pocas razones que hablaron, entendiendo ella por qué se los llevaba, les dijo:

—Me ha holgado mucho veros y mucho más por pareceros tanto a su marido.

Las criadas que allí se hallaron, como gente moza, no pudieron suspender la risa, y fue menester que se retirasen.

Llamó Manuel Machado a su mayordomo, para darles un presente, y cuando fue la hora de comer se habían desaparecido, envió a su alcance y topándolos no era posible hacerlos volver, diciendo que no entrarían más en casa a donde el señor los remendaba y se burlaba su señora y las criadas reían.

Les aseguró él que los iba a buscar, que de aquel modo hablaba su amo y para que su señora viese cómo ellos hablaban de la misma forma los había entrado en donde ella estaba.

Volvieron ellos y refiriendo el criado la causa de haberse ido, les dijo Manuel Machado, que tenían mucha razón, porque quien, aunque con inferiores a la primera vista no moderaba sus defectos, merecía muy bien juzgarse de él otros mayores.

Les mandó que le hicieran regalos y que le diesen dos vestidos de su persona, diciéndoles que:

–Pues eran hermanos en el habla, lo habían de ser también en el traje.

Así los llamó siempre y los quiso mucho que como en las virtudes o entendimientos halla amor, simpatías para obligar a querer, en vicios o defectos las habrá también para ser queridos.

Capítulo Noveno

Traían por adagio en aquella región en su tiempo, cuando quería encarecer la bondad de un hombre, decir «es un Manuel Machado» así robaba generalmente todos los corazones.

Mandó prevenir a los vasallos y vecinos inclinados a la caza, para que con él se hallasen en una montería, llevaban todos sus perros, fue también un abad que teniendo muy buenos galgos no llevó ninguno. Le preguntó:

–¿Por qué no los trae?

–Porque, señor, –respondió el abad– si vuestra merced gusta de servirse de ellos, yo lo estimaré mucho, pero sin pedírmelos traer a que los vean, esto no lo haré, porque si estos árboles y peñascos tuvieran ojos para ver y pies para andar, sucediera a las montañas y bosques quedarse despoblados por muchos días, como sucede a los lugares y pueblos por donde vuestra merced pasa.

No sería tanto como el encarecimiento, pero se refería a que quien sabe cazar con perros la caza, con buenas obras, corazones, unos y otros le siguen.

Un caballero eclesiástico que, por no tener tanta familia como Manuel Machado, gastaba menos, y dicen que daba más, le preguntó un día:

–¿Qué encanto era aquel con el que obliga a todos? Porque hasta los menos afectos de su casa parecían que no lo eran, ya que el defendía con liberal mano su hacienda, que a nadie trataba mal ni de obras ni de palabras, y que con hacer esto, a los enemigos tenía declarados y más seguros a los amigos.

–Es verdad, señor, –respondió Manuel Machado– que jamás de nadie fui enemigo ni pienso que nadie lo es mío, y si me vienen con chismes no los oigo y si los oigo de otros no los ayudo. Mi corazón traigo en las palmas y pienso que cada uno trae el suyo en las de cada uno, mi sombrero es de todos y los de todos son míos, a todos doy lo que puedo sin esperar de nadie más de lo que quiere, y creed que estos son los ingredientes con que se hace esto que llamáis hechizo, y este es el encanto que en cuanto no usáis de él ni tendréis amigos que lo sean de corazón ni enemigos que retraten los suyos. Y no hay duda de que por más amigos que la liberalidad y buenas obras adquieran, pues más destruye la descortesía y la sospecha.

Estas eran las que a este caballero hacían daño, y valiéndose del consejo consiguió lo que deseaba.

Tan acertado eran los consejos de Manuel Machado que decían sus deudos y amigos que más querían errar por ellos que acertar por los suyos.

Sucedió que mataron a un hombre cerca de Braga, y se sospechaba que lo habían matado unos hermanos; uno de ellos que había sido su criado vino a darle cuenta del suceso, y a decirle que no lo había hecho, si bien por haber tenido una pendencia con el difunto y tener él parientes ricos y demás séquito, le aconsejase se ausentase mientras se averiguaba la verdad, o dejarse estar por no calificar más la sospecha, como su hermano quería hacer.

Le respondió Manuel Machado:

–Es locura poner en arbitrio de tus enemigos la averiguación de tu inocencia.

Fueron de varios pareceres los hermanos, pero el criado siguió este, el otro fue preso, condenado y ajusticiado por el delito que sin cometer confesó en el tormento, por falta de valor para sufrirlo.

Se supo la verdad antes de pasar el año, y ahorcando al verdadero asesino volvió libre el ausente, por haber tomado el consejo de su amo.

En otra ocasión, no tomándolo para casarse un caballero deudo suyo y de gran calidad que por no ser rico se casó con una señora nobilísima por parte de su padre, que por ser eclesiástico no era legítima, pero la madre era limpia de sangre, la dote grande, hermosura mucha e igualaron todo.

Vino a contarle este caballero como había casado, le respondió Manuel Machado:

—Tú suerte ha sido muy buena en alcanzar lo que ignorabas.

A lo que le contestó este:

—Pues pensaba yo que vuestra merced lo sabía.

—Esto sí, —volvió Manuel Machado— pero sé más ahora que como los delincuentes hallan los necesitados refugio en la Iglesia.

Otro que aún no lo tenía hecho, le vino a decir que se le trataba con una señora rica y de desigual calidad, y supuesto que de ella habían hablado ciertos cuentos que él lo tenía todo por mentira, y que sus padres la dotaban en cuatro cuentos de maravedís —que para aquel tiempo no era poco—.

Fue prontísimo en su respuesta:

—No es malo si vuestra merced de la certeza o incerteza de estos cuentos está se encuentra satisfecho, pero asegúrese primero que los de fuera no se los hemos de contar.

Se enrubiaba una vieja el pelo y como muchos años lo hubiese usado no conocía el defecto ni daba crédito al espejo, como hacen algunas mozas, teniendo por falso su testimonio y por testimonios sus verdades, se le iba a verde el pelo, que con repetidos tintes caducaba.

Concurrió en una visita que en la corte hizo Manuel Machado a cierta señora y una y otra, conocidas suyas del tiempo de su mocedad, reparó ésta que Manuel Machado miraba con más atención a la otra y le dijo:

–¿Qué le parece a vuestra merced la señora doña Blanca?

–Que por la una –respondió él– le veo que es de su nombre y está tan verde como todas.

Sus repentinas ocurrencias fueron tan notables y raras, era tan veloz era en el discurso, que se afirma de él que jamás pensó respuesta, sino que la soltaba.

Así, habiendo dado un espléndido banquete en la fiesta de Santa Margarita, que todos los años se repite en Castro, como se ha referido, concurrió en él Francisco Sá de Miranda, su cuñado, y muchos eclesiásticos, abades, canónigos y personas doctas y de buen gusto.

Fue el último plato unos dulces fingidos, con que engañándose algunos se movió la conversación de discutir sobre el engaño, y como los circunstantes tenían a los dos cuñados por velocísimos en las respuestas, preguntaron muchas y diversas cosas a uno y a otro; las que a Manuel Machado se hicieron son las que siguen y lo que respondió también:

–¿Cuál es el mayor engaño?

–El mundo y la pintura, –respondió.

–¿Cuál la mayor enfermedad?

–La del juicio –respondió.

–¿Cuál la mayor salud?

–En tenerla –contestó.

–¿Cuál la mayor riqueza?

–Despreciarla, –contestó.

–¿Cuál la mayor pobreza?

–Desear riquezas. –Respondió.

–¿Cuál la mayor dicha?

–El ser hombre y salvarse, –contestó.

–Cuál la mayor desdicha?

–El dejar de serlo y condenarse.

–¿En qué ocasión muestra más lo que sabe?

–Cuando casa y cuando muere. –Respondió.

–¿Y, su simplicidad? –Le preguntaron.

–Cuando piensa que más sabe.

–¿Cuándo usa de más valor?

–Cuando sabe vencerse –contestó.

–¿Cuándo tiene más prudencia?

–Cuando calla un secreto, –respondió.

–¿Cuándo es más humilde?

–Cuando más bien se confiesa.

–¿Cuándo es el más soberbio?

–Cuando no piensa en la muerte.

–Cuándo es el más avariento?

–El que consigo no gasta lo necesario, –contestó.

–¿Cuándo es el más insufrible?

–El que se escucha. –respondió.

–Cuándo se está más caduco?

–Cuando se está más enamorado.

–¿En qué edad sabe más? –le preguntaron.

–En la que se trata con sabios.

–¿Cuándo es más pródigo?

–Cuando a necios comunica su ciencia.

–¿En qué edad habla mejor?

–En la que habla con Dios.

–Y, ¿cuándo peor?

–Cuando se tiene la lengua como la mía.

A Francisco Sá de Miranda cupo decir los efectos de las mujeres, pero no los referimos porque estos ratones de los que hemos hablado han prevenido el no ofenderlas y como no hay mala que no siga algún bien, solo este se ha conseguido de perderse en sus papeles, por desempeñarnos en no referirlos y no referir lo que no gustamos, que si fueran alabanzas suyas, hasta los ratones de la Casa de Castro le guardarán respeto –como decía Manuel Machado– que el hombre que de veras hablaba mal de mujeres iba más para mujer que para hombre.

A todas tuvo grandísimo respeto y cuando algunas en su presencia alababan en él esta parte de cortesano, sin la cual ninguno puede tener tal nombre, les respondía:

—A Dios y a mi mala lengua den las gracias, y no presuman que esto nace de mi bondad, que malicia tengo yo para decir mal de todas y no una vez, sino muchas, como muchas veces repito una sola palabra[36].

Si sucede una desgracia a una mujer, o por su mucha gracia o por engañarse, que es fácil de engañar si llega a querer bien. A ésta obliga el interés y el ser desinteresada facilita aquella, la fuerza rinde a esa otra, y el querer casarse a las que no lo son, y a las que, siéndolo su torpeza, si no topan con honrados, todas pierden su honra, su reputación y su crédito, que es lo más que pueden perder las mujeres —en cuanto al mundo decimos—.

Añadir pérdida a pérdidas, desdicha a desdichas y mal a males, es la mayor maldad de los hombres en lo que uno no ha sido cómplice. ¿Para qué se culpa entonces? ¿Para qué quiere dar cuenta de ajenos cuentos? ¿De gustos y disgustos ajenos qué interesan? Gran delirio de imprudencia será tomar oficio de pregonero el que quiere título de cortesano.

No es mío el dicho sino del pueblo: «Manuel Machado lo dijo» y lo refiero con gran lástima de ver lo que hoy se usa en estas materias que, con parar la pluma, vuela a lo más alto del sentimiento para que lo remedie.

En las noches de invierno venían algunos abades vasallos suyos a entretenerse al juego, en la primera mano sucedió ganarles mucho, en dos o tres de ellas el sentimiento de la pérdida los hacía perder más.

---

[36] Refiriéndose a su tartamudez.

Vino una gran mano en que todos estaban a pique de perderlo todo, o recuperar lo perdido; enseñaron sus naipes los abades y Manuel Machado con ver que les ganaba, porque no más lograsen su alegría, metió sus cartas entre las demás que estaban en la meta.

Acertó a verlo su empleado suyo y pensando que había sido ignorar el punto, le dijo:

–¡Ta, ta, señor! Mire vuestra merced que es el que gana.

–No seáis bachiller –le respondió Manuel Machado– que, si yo supiera lo poco que sabéis de cuentas, no os diera el oficio de contador de Entre Homem y Cávado.

Se fueron los abades muy contentos y volviendo el criado a repetir la mano, se justificó:

–Yo me callé, señor, pues vuestra merced me lo manda, pero la verdad es que vuestra merced tenía un punto más que todos.

–Pues este punto –volvió Manuel Machado– es el que no habéis bien entendido, que es no perder a tres por la ganancia de uno. Si me vienen a entretener a costa de sus desvelos, llevando tres malas noches, ¿no les daré una buena quedando aún con ganancias, con pagarles a costa de sus bolsas?

Del inferior al que es más y del galán a la dama, muchas veces se ha visto perder cuando se gana, por no perderse por la ganancia, como muchos se pierden, pero del mayor al súbdito arguye un ánimo desinteresado, como lo tenía este caballero, y no hay duda que el juego es la piedra de toque en que todos se reconocen, porque sus repentinos accidentes no dejando reparar en las acciones y movimientos del que todo su cuidado tiene puesto en el juego, y el gran afecto con que obran sus sentidos, le hace que no sienta, ni encubra los defectos de su natural inclinación.

Llamaba Manuel Machado al juego: «espejo de corazones».

Parece que en aquel tiempo había más cautela en las personas y que las personas sabían cautelar más sus defectos, pues era menester toque para juzgarlos y espejo para reconocerlos.

Capítulo Décimo

Cuando en estos y otros semejantes ejercicios divertía el tiempo Manuel Machado, le previno Dios con el mayor golpe de adversa fortuna, como él mismo confesaba, en llevarle a su mujer doña Juana de un mal parto de tres hijos varones, quedándole solo Francisco Machado de Silva, que le sucedió en la Casa.

Fueron sus hijas doña Francisca de Silva, que casó en la casa de Regalados con Francisco de Abreu, señor de ella; doña Juana Machado de Meneses, monja en Santa Ana de Viana; doña Jerónima y otras que fueron monjas en Santa Clara de Villa del Conde y otros conventos.

Sintió tanto esta pérdida que con quedar en una edad de poco más de cuarenta años, no volvió a casarse, y viéndole Francisco de Sá y otros caballeros, sus amigos, con un hijo solo, hicieron gran instancia para que aceptase un casamiento que se le ofrecía de una señora rica y de mucha calidad, y como estando él por la gran casa que sustentó siempre, no vino en ello, diciendo que:

—El viudo que ha sido bien casado y volvía a casarse, o había de engañar a la mujer si era entendida, o vivir mal casado si era necia.

Lo cierto es que por una y otra razón no quería casarse.

Así se estuvo algunos años, pero no fue bastante toda esta fineza para que, de una moza, doncella ella, no tuviese otras tantas hijas, como de su mujer las había tenido.

Les dio estado de religión a doña Margarita y a doña Antonia en el convento de nuestra señora de los Remedios de la ciudad de Braga. Doña Úrsula y doña Bernarda en Vitoriño, que es hoy el del Salvador de la misma ciudad. Éstas vivían en mis tiempos, otras murieron en otros conventos que no conocí, y fueron todas de ejemplar vida y las dos primeras reformadoras de San Francisco de Monzón.

Más, tuvo antes de casarse a Gonzalo Machado, habido con una labradora. Mozo de grandes prendas, y bien visto del infante cardenal don Enrique por esta causa.

Saliendo a cazar este príncipe a Entre Homem y Cávado y en su compañía Manuel Machado y su hijo Gonzalo Machado, sucedió pasar cerca de donde aquella labradora estaba con otras mujeres en el campo, se detuvo el joven y empezó a llamarla madre, lo oyó el infante y como ignorase ser hijo de madre tan humilde, cuando volvió le preguntó:

–¿Es vuestra ama aquella labradora?

–Sí señor, –respondió él– porque ella me crio y parió también, y pues me dio tal padre no puedo dejar de agradecérselo en todas las ocasiones de honra a que pueda llegarme la fortuna.

A lo que le respondió el príncipe:

–Cuando no os tuviera por hijo de Manuel Machado, esto solo bastaba para reconocer yo que no podíais dejar de serlo.

Le hizo entonces merced a aquella labradora de darle con qué vivir y no lo fuese más, y a Gonzalo Machado lo tuvo en mayor estimación de allí en adelante.

Después de muerto su padre, viendo el infante que no se inclinaba a ir por la iglesia, le envió a la India a servir a aquella Corona, y por morir en el viaje no llegó a lograr los aumentos que había visto en su cabeza.

La confianza que no despunta a desvergüenza, ni deja manosear el decoro, ni que se pierda el respeto, es hija de la prudencia y esta parte precisa en un caballero, porque a cualquiera de los dos extremos de que pende la balanza, perderá la opinión de entendido.

Las honras en los hombres no son tocas que se prenden con alfileres, que si uno pica la estima y si otra cae se descomponen en honras prendidas, en honras que pueden pisarse, cualquier aire las lleva, cualquier picadura las ofende. Los descuidos de estas honras son muchos, no nos atrevemos a condenarlos, ni los meto en esta cuenta, hablo solamente de aquellos que Dios y el tiempo hizo honrados y no de quien sin Dios y sin tiempo honró la fortuna, estos tendrán mucha razón de desconfiar de todos y esos otros muy poca de desconfiar de nadie, oyen un tonto, escucha un loco, sufren a un gracioso, pues en la misma opinión queda quien dice algo de quien no puede decirse nada y quien más sufre a tontos, locos y graciosos, no es menos entendido.

Veamos en estos ejemplares cuanto más realza la confianza de los entendidos que el recelo de lo pudorosos.

En la iglesia mayor de Braga hacía oración al Santísimo Sacramento cierta dignidad de ella, hombre muy noble por la sangre y nobilísimo por el entendimiento.

Entró un loco y quisieron echarle… se resistía, y para que saliese sin ruido le dijeron que esta dignidad se lo mandaba.

Fuese llegando el loco –como que iba a quejarse– y en viendo la ocasión a mano levantó la suya y le dio una gran bofetada.

Sin hacer movimiento, el que la recibió dijo al loco:

–Nunca la mano te duela.

Y riéndose no consintió que sus criados le maltratasen.

Fue por el suceso tan alabado su entendimiento, en ser tan dueño de sus acciones, como pudiera quedar cuando no lo fuera su honra abatida en tener por afrenta lo que no lo era.

Topándose dos caballeros en el Prado de Madrid, amigos y parientes entre los cuales jamás había habido pendencia, abordaron los coches para hablarse, y antes de dar la vuelta, yendo en el paseo, llegó a pedir limosna a uno de ellos una mujer pobre, vestida de tercera, que también lo era, al tiempo de dársela, dijo el que se la daba:

—Cómo no ha ido a buscar aquellos zapatos —que era el motivo que ella acostumbraba para pedir a todos.

Andaba este caballero sin espada y se valía de una muleta para poder hacerlo. Era la causa de esto haberle roto una pierna una bala de artillería o unas astillas de la resulta de ella. En ocasión tan valerosa, que cumpliendo con las obligaciones de su sangre no pudo esperar más de la fortuna, pues muchos envidiosos de ella trocaban sus dos piernas por lograr aquel día de gloria.

Iba este caballero con dos más en su coche, se rieron ellos de lo de los zapatos, y el otro que iba solo, después de haber dicho algunos chistes sobre lo baratillo de las tercerías, volviendo a aquel caballero le dijo:

—Trate vuestra merced señor, no de su salud y en cuanto no la tiene perfecta, deje estos divertimentos que a vuestra merced y a sus servidores y aun a esta Monarquía pueden ser sensibles, modérese si quiere tenerla, que quien no tiene pierna no ha de dar coz.

Le picó la tarántula del pundonor de modo que aquellos que pudiera tener por lisonja, si no fuera deuda de sus justificadas alabanzas, tomándolo por agravio dijo:

—Yo puedo dar coz y puedo dar coces, y nadie puede impedírmelo.

Y, con votos y revotos, asegurando la afirmativa, echo el reto, al que respondió el desafiado:

–No sois hombre de menos valor que yo.

–Si por cierto, tiene vuestra merced mucha razón, que puede dar no una sino muchas coces, y quien dijere lo contrario no dirá verdad, y yo lo defenderé con mi espada mientras vuestra merced no pudiera usar de la suya.

Él quedó suspenso y los tres riéndose y se fueron en paz cada uno a su casa.

Apenas había amanecido, cuando aquel caballero le entró cojeando por las puertas del pariente a pedirle con gran encarecimiento que nadie supiese lo que había sucedido. Él lo calló, pero los otros lo publicaron con gran alabanza de su cordura.

Volviendo pues a nuestro discurso, recogiéndose el infante cardenal de una visita cansina, que hizo por la Provincia de Tras os Montes, venía entreteniéndose en la caza, le acompañaba Manuel Machado y otros caballeros, señores de aquellas casas de Entre Duero y Miño. Sucedió perderse en una tierra de aquellas y solo Manuel Machado con alguno de ellos le siguieron.

Llegaron a casa de un labrador, en donde fue forzoso pasar la noche. No lo reconoció a ninguno, porque el infante cardenal había mandado que no lo llamasen de alteza.

Trajo para la cena unas perdices y limones y dijo:

–Estas traigo señores, que acá comemos con limón, vuestras mercedes las comerán allá con diaquilón.

Le gustó mucho al infante el humor del villano y lo llamó después de haber cenado para preguntarle qué tierras eran aquellas.

Él contestó:

–Que eran del término de Monte Alegre, vasallos de la Casa de Braganza, y que más abajo quedaba la ribera de Soaz, de los Meneses, al otro lado Vieira, de los Coellos, Lanhoso que había sido de los a Cuñas, San Juan del Rey de los Azevedos y pasado el río, Entre Homem y Cávado que era de los Machados.

Hecha esta relación, le preguntó por los caballeros señores de ellas, de los cuales allí se hallaban algunos, como se ha referido.

Inocente el villano de la trampa en que caía, fue haciendo verdadera información de sus buenas y malas costumbres, que oían sin poder atajarle. Y, llegando pues a Manuel Machado, dijo:

–Ese señor es muy buen caballero, liberal, entendido y de muchas y buenas partes, solo un defecto tiene grandísimo, que está amancebado con una mujer más de siete años, pero no es toda la culpa suya, sino del cardenal infante que como son compadres se lo disimula.

–Mal diaquilón es este para esas perdices –respondió el príncipe.

Se acostaron, y como a la mañana fueron llegando los criados, y supiese el villano quién eran sus huéspedes, no dándose por seguro se fue a la iglesia.

Le mandó llamar el infante y le hizo merced de perdón diciéndole:

–Me ha gustado mucho de oírle, pero yo enmendaría a Manuel Machado para que no le pusiesen más culpas ajenas.

Y fue así, que en los más años que después vivió no se supo de flaqueza alguna.

Cuando Dios quiere sacar un alma de pecados o perfeccionarla con más altas virtudes, obra más la lengua de un rústico del campo que las de grandes teólogos del púlpito.

No faltarían a Manuel Machado inspiraciones de Dios, y advertencias de los hombres en el largo discurso de siete años vivió acomodado con la dama.

Del capítulo nueve quintillas tres, también se reconoce que Francisco de Sá, su cuñado, deseaba que se apartase de aquella moza, que llamaban María Colasa, nombre de que juega en los tres últimos versos con galantería Manuel Machado, esto es infalible, ni puede haber duda de que la gran misericordia de Dios faltase a un caballero de tales inclinaciones tantos años, con sus divinos auxilios.

Por eso le reconvino el infante cardenal:

—Mirad lo que hace Dios, que por el mismo camino por el que uno se olvida de él, por el mismo le trae, con que se recuerde. Vos hacéis finezas por los príncipes de la tierra y no pensáis sino en darles gusto, toda vuestra atención es que os estimen, que os tengan en su gracia, idolatráis en ellos sin acordaros que hay Dios, que es el príncipe de los príncipes, el rey de los reyes, y no reparáis que todo lo que hacéis y aun vuestros pensamientos ve, sabe y reconoce, pues Dios buscará ocasión para que en la misma presencia de estas humanas deidades, que adoran vuestra atenciones, publique vuestras faltas, diga vuestros defectos, pregonen vuestra flaquezas, un rústico del campo, un villano del monte y un sátiro de una montaña.

En presencia de otros príncipes moderaría el sentimiento Manuel Machado, pero en la de este que fue castísimo, no sabemos lo que entre los dos pasó, bien se puede juzgar que la represión, la vergüenza y el sentimiento, correrían parejas con la enmienda que fue la que se ha referido.

A lo que le contestó Manuel Machado:

—¿Qué es esto, señor? Siempre buscáis los campos, siempre buscáis los montes para convertir pecadores y para retiro de arrepentidos, en Jerusalén pudiera vuestra omnipotencia salvar a Dimas, aquel buen ladrón, sacarle de la ciudad y llevarle al calvario, para que se salve. A san Pablo siendo niño de Guiscalis, su patria, en tierra de Judea, pasáis a Tarso, ciudad de Cilicia, vuelve a Jerusalén, convertirle en un camino para que os siga, degollado en la vía Ostiense, y no en Roma, para darle la gloria a los desiertos de Egipto, Tebaida y Palestina, lleváis desengañados de la comunicación de las gentes, tanto número de hombres y tanto de mujeres, que haciendo allí segura población, para salvarse, entre las fieras indómitas se aseguraron de la fiereza de los vicios, mayores salteadores en los mayores poblados. ¿Quién es el que no se desengaña? Que, por los caminos más intratables, por las malezas de los montes, por las tierras más ásperas, es la real entrada de buscar a Dios. Vámonos a las montañas, que de ellas se ve el mundo con mayor distinción y de ellas se ve el cielo con menos nublados.

Gasta Manuel Machado mucha parte de la vida entre príncipes y en la corte. ¿Qué consiguió de allí? El nombre de cortesano, de una corte del mundo y una hora sola de una sierra en donde halló el desengaño, por la imprudencia de un rústico le valió tanto como se verá en su muerte para venir a ser cortesano del cielo.

Capítulo Undécimo

Hay cosas naturales que parecen portentos, y cosas portentosas que parecen naturales; hay hombres que se engañan con la verdad y otro a los que desengaña la mentira; mirad cual es el mundo para con los hombres y cuáles son los hombres para con el mundo.

Cosa ordinaria es engañar a un hombre con una mentira, que no son ángeles los hombres para no recibir engaños, pero engañarse un hombre con la misma verdad, que es Dios, esto es ser aun peor que el mismo demonio, porque él no se engaña con Dios, bien le reconoce, pero pensó que podía engañarle viéndole hombre, que cuarenta días pasaba sin comer, cosa tan sobrenatural; y en esta duda intentó su engaño, para reconocer la verdad, que se echase del pináculo, que hiciese de las piedras pan y que si le adorase le daría el mundo.

Así es el mundo para con los hombres, se promete a sí mismo, los que le aceptan le adoran, hacen de las piedras pan, con que se precipitan del pináculo –imagen de la soberbia– a lo más profundo del infierno.

Esto es indubitable, esto es verdad, pues con esta verdad muchos hombres se engañan. Natural cosa es ésta y parece portento.

Para solución de lo propuesto nos resta ahora mostrar de qué modo desengaña la mentira una mentira sencilla, que es la que más engaña, y particularmente cuando nos la dicen las personas de que hacemos mayor confianza, y que fiamos de ellas todo lo que tenemos, las mentiras que desengañan son las dobles, son las que se repiten una y tantas veces que venimos a desengañarnos, y no admitir aquellos de quién hacíamos toda confianza por habérnoslas dicho.

Engañar a aquel que me hace bien, engañar a aquel de quien dependo, engañar a quien es precisa obligación no tratar con engaños, caso portentoso, y parece ya natural por la costumbre del tiempo.

También hay mentiras que sirven de porteras en el palacio de la verdad, éstas, en presencia de su señora no traen tocas, un rebozo mientras su señora llega, si traen para que las respeten y se les dé algún crédito; son éstas las que redundan en algún bien y deudas por afinidad de las verdades a cuyo fin se encaminan.

Muchos ejemplos hay de este modo de mentiras, traigamos un qué nos parece que hasta hoy no se ha dado a la imprenta y es bien raro.

En la Sierra de Arga, cercana a la villa de Viana de Lima, situada en Entre Duero y Miño, hay una ermita de tosco edificio, no tiene santo, si bien le llaman de Sant Ojina.

En cierto día del año van allí con procesiones y clamores los abades y curas circunvecinos; el santo al que rezan, según dicen las tradiciones, ha tiempo que está allí sepultado, y que su conversión fue ésta:

«Andaba un salteador en aquella sierra, de quien el tiempo –como a San Bon Homen de la misma villa– ha borrado el nombre, robando a todos los caminantes de los que a alguno mataba, procuraron prenderle, pero no fue posible.

Por el amparo de aquellas asperezas acertó a pasar por allí un fraile –algunos dicen franciscano– le salió al camino el malhechor y viendo que no llevaba cosa alguna, sacó la navaja para quitarle la vida, se le puso de rodillas y le pidió que antes de ejecutarlo le escuchase un poco, porque quería darle primero cuenta de un gran tesoro que él ignoraba, vino en ello y dijo así:

–No hay duda de que el interés de lo que puedes coger a los que por aquí pasan te ha traído a esta montaña, adonde andas ya tantos años, y no te veo más lucido que yo, que profeso pobreza. Enséñame antes de matarme dónde tienes lo que a costa de tantos desvelos has ganado, lo que has adquirido, lo que atesoraste costándote tan malos días, tan malas noches, y tantos sustos y sobresaltos, como has tenido todos estos años, que has que andas en esta miserable vida que ejercitas, dejando por ella la comunicación de las gentes, los deudos, los amigo, y la misma casa en donde has nacido por una gruta, por una cueva que parece ya la puerta del infierno, a donde caminas, haciendo aquí compañía a las fieras del mundo, para después hacerla por una eternidad infinita, que ha de durar para siempre, a otras fieras sin comparación mayores, que hay en el infierno más terribles, más horrendas, y más espantosas. –¿Qué dices? ¿No estás loco? –le preguntó el salteador.

Pero el fraile continuó:

–Por miseria tan corta para esta vida mortal que ha de acabar luego, y que tú mismo abrevias a que se acabe más presto, con el trato que sin compasión de ti das a ti mismo; dejar la vida eterna, que con menos trabajos de los que pasas, si fuera en servicio de Dios, como son en ofensa suya y del próximo, podrías conseguir muy fácilmente, pues es cierto que su misericordia es tan grande que al mismo punto que con gran arrepentimiento llegarás a pedirle perdón de tus pecados, y serás perdonado. Este es el tesoro que puede ser tuyo.

Los sollozos y las lágrimas apenas le dejaban libre la voz para formar estas razones:

–Ya sé que lo he perdido todo, padre mío, porque para la gravedad de mis pecados, para la torpeza de mis culpas no hay perdón, ni puede haber arrepentimiento, ni penitencia con que enmendarme.

–Callad hijo, –respondió aquel fraile– este llanto, estos sollozos, estas lágrimas son bastante si de todas vuestras culpas os confesáis para perdonaros Dios, si queréis hacerlo yo soy confesor, aquí me tenéis.

Y separándole así de su desesperación aquel religioso le confesó luego, con lo que el salteador salteó también al cielo de este modo.

Fue la penitencia en aquella sierra de Arga en la que estuvo otros tantos años como había estado, socorriendo en todo lo posible a los que por allí pasaban.

Y, caminando al otro día un villano con un carro de ramas silvestres, se le volcó bajo él y llamó al penitente salteador para que le ayudara, y al tiempo que puso el hombro al carro, no dándose el otro por seguro, con un asado que llevaba lo mató.

Lo calló el villano por entonces, y pregonando a la justicia premio al que lo matase declaró cómo lo había hecho algunos meses antes.

Fueron a verlo y hallaron el cuerpo sin corrupción alguna, intacto de las fieras y sin mal olor. Le sepultaron en una pequeña casilla, en donde acostumbraba a ampararse algunas veces de las inclemencias del tiempo, que es hoy la ermita de Sant Ojiña, nombre ya corrompido de Santo Asinha, que en portugués vale de santo Aprisa–.

La experiencia de los guías de aquellos parajes mostró el lugar al que Dios había llevado aquella alma, porque quien con fiebres tercianas va a aquella ermita vuelve sin ellas y el que trae la tierra de aquella sepultura se les quitan.

A este salteador con la verdad desengañó ese religioso, y verdadero era el tesoro que para escaparse de la muerte prometió enseñarle, pues todos los tesoros del mundo son nada en comparación del de la vida eterna.

No lo entendió así san Ojiña, pues el mundo era tesoro que esperaba y en esto recibió engaño, el engaño es mentira y de este modo desengaña la mentira.

No parezca larga la explicación[37], porque, aunque la vida de Manuel Machado se escribe para espejo de sus descendientes, y teniendo en su casa a Francisco Machado, su hijo, siempre se ve mejor en él, por pequeño que sea.

Con todo hay espejos que se estiman más por el adorno que por ellos mismos y por la guarnición que por las lunas y que la de este sea menguante por ser nuestra, no lo dudamos, que si lo dudáramos no fuera a tomar bien las lecciones de aquel a quien tomamos por espejo; pero que se adorne por sucesos de otras no pueden condenarlo, pues es mi intención traer ejemplares que sirvan de advertencias para guardarse, y advertencias que sirvan de ejemplares para seguirse.

También conviene que se vean los varios caminos que Dios busca para salvar un alma, como en la sierra de Arga a donde fue el que iba a perderse y halló su ganancia.

¡Impenetrables son los juicios de Dios! Cuantos en la más apretada religión se condenan, y un salteador en un monte se salva. ¡Oh dichoso aquél que para la ocasión de bien morir se previene y no menos dichoso el que haciéndola del copete no la pierde!

Así lo hizo Manuel Machado desde el suceso referido, con hacer muchas limosnas a todos los que se las pedían, particularmente huérfanos, y viudas. Decían éstas que en él hallaban marido, y en otros padres.

---

[37] Digresión en el orignal.

Muchas veces le sucedió si acaso se hallaba sin dineros en la faldriquera, dar de limosna ya la sortija, ya el hábito de oro, o cualquier cosa de su persona, y decía a los circunstantes:

—Esto vanidad parece, pero más quiero padecer el nombre de vano que de avariento, si yo fuera bueno, Dios me ofreciera las ocasiones en partes ocultas para que mi mano siniestra no viera lo que hacía la derecha —como dijo Cristo— y así me las ofrece en público, porque de este modo pague la vanidad que siempre tuve y la pensión que le debo.

No puede dudarse que acciones semejantes traen de arriba sus principios, Dios mueve las estrellas y ellas las inclinaciones de los hombres, pero también en la crianza de las personas va mucho a que se inclinen por el hábito a lo que por influencia le niegan los astros.

A esta altura de la historia no está de más refrescar la de la familia, pues como ya mencioné al principio: «Después de que los señores de entre los ríos Homem y Cávado, por el casamiento de doña Inés de Goes heredaron la villa de Lousan, Villariño y Pedregal —de los cuales fue el primer señor de esta familia Pedro Machado, su marido, tuvieron allí su casa, por quedar más cerca de la corte a donde asistían en muchas ocasiones. De este matrimonio fue hijo Francisco Machado, que sucedió en ella. Casó con doña Juana de Azevedo, y de ellos fue segundo hijo Manuel Machado de Azevedo, del que es historia este libro, que sucedió a su padre por no inclinarse Barnardino, el mayor, al estado del matrimonio».

Era como he referido, Manuel Machado, hijo de Juana de Azevedo, y no fue dama de palacio esta señora, pero de casa de sus padres casó con Francisco Machado, su marido, con mercedes de dama de la corte por estar recibida para serlo, como dice la cédula de esta merced.

En el estado de casada gastaba con largueza, como si fuera dama, y en el de viuda apretó la mano como si no lo fuera, moderó su casa, que así lo acostumbran a hacer muchas señoras en Portugal, que saben serlo.

Vivía su suegra doña Inés de Goes, casada de segundo matrimonio con Álvaro de Acuña[38], en la tierra de Lanhoso, de que eran señores a una legua de Castro.

Al respecto de su gran ánimo sentía mucho esta señora la crianza de sus nietos: Bernardino, Manuel y Simón Machado, y cuando iba a verlos, dando a cada uno un bolsillo de escudos, les decía:

—Esto os doy para que lo deis, y si lo guardáis y me entero no os daré nada.

Como sucediese algunas veces, y siempre en presencia de doña Juana, viniendo a reconocer que eran reprensiones de suegra en cabeza ajena, le dijo:

—Pues señora, ¿cómo quiere vuestra merced que sus nietos no guarden si todo lo dan, y no les puede dejar con que la imiten?

Y, entendiendo doña Inés que se lo decía por haber dado en aquella ocasión a Juan de San Pedro, criado que había sido de Pedro Machado, su primer marido, y que entonces servía a Álvaro de Acuña, las quintas de Magalhaes en el Valle de Geraz, que hoy valen más de quince mil ducados, respondió:

—Ya sé por qué me lo decís, hija, pero aun así dejo más a mis nietos con premiar a un criado honrado que fue de su abuelo, que, si les dejara

---

[38] Citada también en el texto como a Culha.

lo que le di, porque con este ejemplo hallaran otros como él de quien servirse.

Con estas lecciones se crio Manuel Machado, las de su padre Francisco Machado fueron tales, que excedieron los términos de liberal, y vino a ser pródigo, dejando a su casa de manera que lo que hoy puede parecer liberalidad en ella, en aquellos tiempos fuera avaricia.

De otro hermano de Manuel Machado cuentan que era muy fácil en dar lo que se le pedía, y apenas lo había hecho cuando ya estaba arrepentido, y reconociendo en sí aquel defecto acostumbraba a decir:

—Ayer fui hijo de mi padre, y me arrepiento con pesar. No podrá hoy ni en tiempo alguno pesar a los señores de Castro haber tenido por abuela a doña Juana de Azevedo, en quien la sangre, el entendimiento y la dote fueron en todo igual, y en todo grande, y si ella no vinculara los bienes de aquella casa, en mayor ruina de la que en que está hoy estuvieran ellos.

Reconociendo pues, la marquesa de Montebelo lo que a esta señora de Castro se debía, mandó que de sus bienes se le hiciese una capellanía con misa cotidiana por su alma y de sus descendientes, por haber sido señora de la misma casa, a una y otra se deben alabanzas, porque si doña Juana de Azevedo dejó rentas para los señores de ella, la marquesa con venir a perderlas en su tiempo, dejó misas para las almas de ellos, y así una por lo humano y otra por lo divino, estas fueron las más entendidas señoras de la Casa de Castro, beneméritas columnas de ella de un Non Plus Ultra.

Capítulo Duodécimo

Gustaba mucho a mi esposa, la marquesa de Montebelo, de leer, y que le leyesen esta vida de Manuel Machado, que ahora dimos a la estampa, y particularmente en su larga enfermedad, y algunos tiempos mandaba repetir dos y tres veces, deseó verla impresa, como vida de quien había tomado mucha lección para saber vivir como vivió.

De su vida no se sabe, ni de la Manuel Machado se supo que de su boca saliese palabra en descrédito de nadie.

Vinieron a preguntarle a él para un casamiento, por la calidad de un hombre de quien se hablaba mal de su limpieza, y contestó al que se lo preguntaba:

–¿Vuestra merced no sabe que Nicolás me ha puesto pleito sobre mi propia hacienda?

A lo que le respondió:

–Sí sabía y que por esto y por no estar empeñado en su amistad se lo preguntaba, entendiendo que por ningún camino podría mejor desengañarse.

–Pues por las mismas razones –volvió a contestar Manuel Machado– tiene vuestra merced obligación de no creerme, y yo de no informar de un hombre con quien pleiteo, a quien por no juzgarme su afecto me lo pregunta. Estando el enemigo a sus pies muchos han retirado la espada, pero con la lengua pocos dejan de ejecutar la herida.

Cargaban ya los años a Manuel Machado, pero le salvaba el gobierno de la casa, su hijo lo era todo, trató de darle estado para la sucesión de ella; algunos casamientos se le ofrecieron en la corte, y otra partes del Reino, pero como las muchas de hermosura, gentileza, virtud y entendimiento pregonaban la fama de doña María de Silva, se enamoró de ella el viejo para nuera; eran sus padres Manuel de Magalhâes de Meneses, señor de la Puente da Barca, Nóbrega y Soto Rebordaôs, y doña Margarita de Silva, hija de Leonel de Abreu, señor de Regalados y Lapela; por todos lados de lo mejor de aquel Reino; la dote fueron tres quintas: Outeiro, Lameiro y Pousada, y parte en dineros, con que se acabaron de pagar las dotes de las hijas de Manuel Machado y no le quedó a él más que desear.

Se hicieron las bodas en la casa y solar de Magalhâes, de donde vino a Castro con gran pompa y fiesta que por no alargarnos dejamos de referir.

Desde entonces dejó Manuel Machado la mayor parte del gobierno de su casa y hacienda al hijo y nuera, que estuvieron siempre a la obediencia de sus preceptos, y a la disposición de sus consejos, y le quedaba tiempo para otros ejercicios que hacía, más propios para quien trata con la muerte que para quien se engaña con la vida; y para ésta solo de lo forzoso trataba.

Añadió algunos aposentos más a la Casa de Castro, porque venía a ser dos las familias de que de antes era una. Fabricó la capilla de Santa Margarita, en la parroquia de San Martín de Carrazedo, patronazgo de aquella casa, entierro de los señores de ella, de cuyos frutos comen las dos partes por bulas de Su Santidad.

Todas sus curiosidades de cuando mozo había dejado, solo el laúd tocaba algunas veces, gastando la mayor parte del tiempo en el retiro a su oratorio.

A personas que le sirvieron oí afirmar que totalmente de todo había perdido el gusto, exceptuando un huerto que mandó fabricar junto a una noria, en el hueco del tronco de una gran roble, que el tiempo había destroncado, en tanta altura que casi competía con las almenas de las murallas, por un encañado que salía de la noria lo regaba, y solo con ver allí correr el agua se entretenía y con las flores y plantas que la dificultad de su crianza le hacían estimar más que las otras cosas.

Cuando llegaba algún pobre de mucha edad, le hacía sentar cerca de sí, mandando que le regalasen le daba su limosna, y le preguntaba por su vida, y como cualquier de estos encarece sus trabajos, les decía:

—¿Y no estáis contento de haber pasado todo esto?

—No, por cierto, —respondían los más de ellos.

—¡Ha! —Volvía él— ¡Quién pudiera troncar todas las felicidades de su vida por eso que habéis pasado y qué tan poco estimáis!

Haciendo lo mismo con los enfermos, decía muchas veces que el cuarto enemigo del alma era la salud del cuerpo, y que necesitaba de vivir con más cuidado quien con más salud vivía.

De sus penitencias no le alcanzó particularidad alguna, más que observar inviolablemente la regla de San Benito, que por su hábito había profesado, si bien se entiende que los postreros años anduvo ceñido de un cilicio, y que con él murió.

Era devotísimo de San Francisco, y decía que se espantaba mucho que hubiese persona que dejase de serlo, y que si la faltara la lumbre de la Fe, que Dios por su misericordia fuera servido darle, que solo por el raro prodigio que obraba sustentando de limosna tanta multitud de religiosos, que eso solo era bastante para reconocer que el verdadero Dios era el que San Francisco adoró por tal, pues dejando todo por él, solo él podía darle tanto para sustento de todos sus hijos y así los respetaba con gran veneración.

No se había cumplido tres años después del casamiento de su hijo, cuando comenzó a declinar su salud, en más de ochenta años, que la tuvo perfectísima, sin achaque alguno, pero los del tiempo no hay ninguna que los venza, y la mudanza de las costumbres corrompe la más robusta.

Si le preguntaban cómo se hallaba, decía:

—Mejor que nunca, pues ahora veo que Dios se acuerda de mí.

Si le daba algún dolor y se le acercaban su hijo o nuera les decía:

—No tengáis pena, que ésta tendré menos de purgatorio.

En el comer que cuando mozo vivió con gran regalo, teniendo para que se lo hiciesen no uno sino muchos cocineros y cocineras de los de aquel Reino, se hallaban más diestros en el arte.

Cuando era este tiempo, que estaba ya moribundo, le traían alguna cosa, que los que se la administraban reconocía mala sazón de ella, reñían al cocinero por ello, le mandaba llamar cerca de su cama y del mismo plato que no hallaban bueno le daba parte, diciendo que así lo hiciese siempre, porque jamás había comido cosa de tanto gusto ni más bien sazonada.

De manera creció la enfermedad, que vino a caer en cama, más de flaqueza, que, por otra causa, y así estando casi bueno trató de componer las cosas de su alma, hizo testamento, mandó sepultarse en su capilla, y que la sepultura fuese rasa con el suelo de tierra, como hoy lo está.

Le asistían dos frailes franciscos, y pareciéndoles que la enfermedad era más larga, le pidieron que los dejase volver a su convento y que siendo necesario vendrían.

Les contestó, que no era tiempo aquel para dejarle, que dentro de tres días se irían.

Se quedaron y al tercer día por la mañana mandó que le trajesen los sacramentos, y después de haberlos recibido con gran contrición y arrepentimiento de sus pecados, mandó traer una sábana, aguja e hilo y puesta en muchos dobleces y él sentado en ella pidió que le dejasen un poco a solas.

Salieron y al volver le encontraron cosido en ella desde las rodillas hasta el pecho. Empezando todos con lágrimas a mostrar el sentimiento de aquella acción de tanto desengaño para la vida, que aún por más tiempo entendían vivir, él les pidió que si en aquella hora le quería dar gusto, sería el mayor el que no llorase nadie, ni hacer sentimiento por él, porque en el gran mistérico día de Dios, esperaba que había de ser el más feliz de su vida, y pidiéndoles que aquella sábana que cosió en sí no se la quitasen, pues estaba en forma que sin embarazo le podrían componer como a caballero de su hábito.

Y, de aquí se colige lo que he referido del cilicio, que traía cosido en su cuerpo, había ya algunos años, pues quiso sepultar consigo hasta la memoria de su penitencia que todas estas atenciones son partos de la cordura del que vive en el siglo fuera de religión.

Sucedió pues, como era tan curioso de la pintura, pedirle a cierto caballero eclesiástico, deudo y amigo suyo, que ocupaba gran puesto, que le pintase en un cuadro los Siete Sacramentos, lo hizo él con toda curiosidad, como hacía todo, se lo envió y después yendo a su casa le dio grandes agradecimientos con muchas alabanzas de la pintura.

—Si bien —dijo— que el tercer sacramento o no lo entiendo, los otros sí, porque de aquel modo se acostumbran a pintar el de la penitencia, que es una mujer con máscara, no lo ha pintado nadie así hasta hoy.

—Pues para mí es sacramento —contestó el pintor— y es menester que vuestra merced me lo explique.

–Si fuera para un religioso –respondió Manuel Machado– como los demás pintaría yo la penitencia, más para un caballero que, aunque viste de largo anda en el siglo, a donde las acciones de todos son miradas, y remiradas para condenarse, ¿no sería error grande pintar la penitencia sin máscara?

Le entendió él que no dejaba de hacerlas con mucha publicidad y se enmendó de ello.

A este propósito decía Manuel Machado que los instrumentos de la penitencia entre seglares se habían de ocultar, como los de moneda falsa entre la Justicia; porque si con ella se había de comprar el cielo, pocos lo comprarían y para conseguirle por misericordia, como consiguen muchos, no necesitaba de pregoneros la penitencia para que se viese, sino para hacerla.

Hoy pasa más adelante pues no se corren algunos que en esta vida publican el premio de ella, diciendo, que el alma de este vieron salir del purgatorio y subir al cielo la del otro. No dudo que pueda haber algunos que lo vean, lo que me espanta es que haya quien lo diga, y así o ellos son santos o mucha la maldad, pues no puede vencer mi discurso y canonizarlos en vida.

Estaba ya tanto en el último la vida de Manuel Machado, que abrazándose con un crucifijo que tenía en las manos, quedó sin sentido. Al mismo instante vieron todas las personas que allí se hallaban pasar por el relieve de una moldura del techo del aposento, de una parte, a la otra, dos niños, el uno con una ostia en las manos y el otro con un cáliz.

Pensando algunos que podría ser reflejo del sol, por los resquicios de una ventana, la abrieron y a toda luz y quiso Dios mostrar aquel prodigio.

El llanto, el rumor, las voces fueron de tal manera que como de un sueño despertó Manuel Machado de aquel paroxismo. Y diciéndoles que no era aquello lo que les había pedido y que no llorasen por él respondieron:

—No lloramos, señor, de pena, sino del gran gozo de ver lo que Dios se sirve de mostrarnos en esta ocasión —y refiriéndoselo dijo:

—De vuestra gran misericordia, señor, espero y esperé siempre, que no me habéis de desamparar en esta hora…

Y, haciendo una protesta de la Fe, expiró.

Su cuerpo fue sepultado como estaba dispuesto en su capilla de Santa Margarita, en la parroquia de San Martín de Carrazedo, y allí, debajo de una loza humilde sobre la tierra cupo un cortesano tan grande, en una sepultura rasa con el suelo, que todos sus vasallos pisaron con los pies el mismo que todos habían traído en la cabeza.

¿En dónde está aquel entendimiento tan feliz? ¿A dónde paró aquel ingenio tan raro? ¿En donde están aquellas sentencias tan singulares? ¿En donde aquellos dichos tan futiles? ¿Qué es esto? ¿Todo para en cenizas? ¿Todo para en polvo? ¿Todo para en tierra? ¿Todo para en desengaños? ¿Todo para en nada? Y no pudieron valerle ni eximir de esta universal pensión, todas aquellas honras, todos aquellos favores de tantos príncipes, y tales príncipes como fueron aquellos.

Este es el mundo, estos sus desengaños, estos los príncipes del mundo que pueden quitar vidas a todos, y dar vida a ninguno.

Fue Manuel Machado[39] más que de mediana estatura, flaco cuando mozo, y en la vejez también, en medio de su edad grueso, de robusta y sana complexión, mucha agilidad y de muchas fuerzas, blanco

---

[39] Llevo su retrato a la página 25.

encendido, ojos verdes, algo oscuros y no grandes, barba rubia, el pelo casi negro, en edad mayor, cuando niño dorado, frente larga, como la nariz y no pequeña, traía corta la barba cuando mozo, y después de viudo ya blanca. Le llegaba casa a la cintura, la boca no grande, labios gruesos, de buen color, los pies pequeños, largas las manos y los dedos meñiques torcidos, en la punta hacia adentro, como siempre había tenido, y tienen los señores de la Casa, fue de gentil y agradable, presencia de honesto, y cortés trato, jovial y afable, con que se hacía amar generalmente de todos. Le tenga Dios en su gloria, y nos lleve a hacerle compañía y a vos os influya un espíritu imitable.

LAUS DEO

APÉNDICE DOCUMENTAL

HISTORIA DE LOS MACHADO.

Crónica de una indagación

Extracto referido a los personajes de esta obra

–Por José Luis Machado–

Que demuestra que la obra del marqués de Montebelo nada tiene que ver con este personaje histórico que describe como su antepasado Manuel Machado de Azevedo, al que implanta históricamente en una obra de creación literaria o ficción por don Félix Machado da Silva, marqués de Montebelo.

Dice así la realidad histórica.

VII. PEDRO MACHADO MAGALHÂES. Fue hijo legítimo y primogénito de Vasco Machado y de doña Juana de Magalhâes, hija de Alfonso Rodrígues de Magallanes, señor de la villa de Ponte de Barca. Sucedió a su padre tanto en la casa de Geraz como en las demás. Obtuvo del rey don Alfonso V el señorío del concejo de Entre Homem y Cávado y las demás que él tuvo, con la obligación de dar quinientas coronas de oro a doña María de Azevedo que el dicho rey le debía en fecha 19 de abril de 1440, y después le dio la quinta de Castro que quitó a Lope de Azevedo por estar contra él en la batalla de Alfarrobeira.

Fue hidalgo de la casa real de don Alfonso V de Portugal llamado el Africano, señor de las tierras, casas y solares de Machado y por su casamiento de las referidas villas de Loivan, Villarino y Pedregal, que añadió a las tierras de entre los ríos Homem y Cávado, de que le hizo merced y donación el rey con el señorío y jurisdicción civil y criminal, mero mixto imperio, para poner en ella jueces, alcaldes y otros oficiales, según se acostumbra en ésta y otras tierras en que otros hidalgo traen de la corona, así de fuero de heredad como de merced. Lo cual consta de una real cédula dada en Évora a diecinueve de abril de mil cuatrocientos cuarenta, escrita por Gonzalo Yañes que es como sigue:

«Don Alfonso por la gracia de Dios Rey de Portugal, señor de Septa, a cuantos ésta nuestra carta vieren hacemos saber que nos somos cierto que doña María de Azevedo mujer que fue de Álvaro de Meira, tiene de nos en empeño por quinientas coronas de oro que por el rey mi abuelo, cuya alma Dios haya, fueron dadas al dicho su marido en casamiento por pertenecerle a ella y a todos sus herederos de él por su muerte, todos los derechos que nos habemos en la nuestra tierra de entre Homen y Cadavo, hasta que le mandásemos pagar las dichas quinientas coronas de oro y no por más tiempo. Y agora considerando nos los muchos y tan grandes servicios que hasta agora recibimos y en adelante entendemos recibir de Pedro Machado, fidalgo de nuestra casa y queriéndoselos galardonar como es razón, queremos que pagando él a la dicha doña María de Azevedo las dichas quinientas coronas de oro, según nos a ello somos obligados, que el dicho Pedro Machado haya desde el día que el dicho pagamento fuere hecho, en adelante para todo siempre jamás, para él y para todos sus herederos y sucesores que después de él vinieren, la dicha tierra de entre Homen y Cávado con todas sus rentas, fueros, montados, maniños, direchos y pertenencias y cosas que nos en ella habemos y de dicho debemos haber, así como sí para nos se cobrasen. Y más queremos que además de ésto él haya mientras nuestra merced fuere, la jurisdicción de la dicha tierra, civil, criminal, mero mixto imperio y que pueda poner en ella jueces y ministros con otros cualesquiera oficiales, según se acostumbra en otras tierras que otros fidalgos traen de nuestra corona, así de fuero y heredad, como de merced, reservando para nos el corregimiento y alzadas.

Por tanto, mandamos a nuestro contador y almojarife de la dicha comarca y a nuestros corregidores, jueces y justicias y otros cualesquiera oficiales y personas de ella, que ofreciendo dicho Pedro Machado escritura pública hecha por escribano, de cómo tiene pagadas las quinientas coronas de oro a doña María de Azevedo y de cómo se da ella por pagada, que le metan luego en posesión de las tierras con toda su jurisdicción civil y criminal y se la dejen a él y a todos sus herederos y sucesores que después de él vinieren, las rentas y fueros, pertenencias y cosas que a nos de ella deban pertenecer, según nos todo habríamos, si para nos cobrasen y más a él la jurisdicción mientras nuestra merced fuere como es, sin que a ello se le ponga otro embargo.

Y prometemos por nuestra fe real de nunca ir contra esta donación en parte ni en todo; ni queremos la dicha tierra ni lo dicho de ella por la manera susodicha para haber de darla a otra alguna persona de cualquier estado o condición que sea, salvo queriendo Nos, o nuestros sucesores tomarla para la corona del reino, que lo podemos hacer; y tomándola que le mandemos pagar primero las quinientas coronas de oro que él así pagó por Nos a la dicha doña María y le serán entregadas como atrás se hace mención, mostrando conocimiento por escritura pública cómo se las pagó a ella y se da de ella por pagada, sin descontar de ellas a Pedro Machado ni a sus herederos ninguna rentas ni derechos que de las dichas tierras tengan recibidos, ni será de ellas desposeído hasta que las coronas le sean pagadas como dicho es. Y esto le otorgamos así, sin embargo, de cualesquiera leyes, ordenaciones y derechos canónicos y civiles y otras opiniones de doctores que en contrario de ella sean, porque queremos que no haya en esto lugar».

Así que combatió en Alfarrobeira contra don Pedro, duque de Coimbra, que se sublevó contra su hermano el rey don Alfonso V y en otras muchas y peligrosas ocasiones. Murió en Africa en 1464, peleando valerosamente contra los moros en el asalto frustrado a la ciudad de Tánger, que organizó en Marruecos el rey Alfonso el Africano. Y fue su cuerpo llevado a Portugal y sepul-tado en la iglesia mayor de su villa de Louzan, en la capilla mayor.

Había casado con doña Inés de Goes que era hija de Pedro de Goes, señor de las villas de Louzan, Villariño y Pedregal. Fue por su mujer señor de las citadas villas de Louzan, Vilarinho y Pedregal, en donde vivió. Tuvo, además de un hijo natural en Braga, los siguientes en su matrimonio:

1. Francisco Machado de Goes, que sigue.

2. SIMÓN MACHADO DE GOES. Hijo segundo de Pedro Machado y de Inés de Goes . Heredó de su padre la quinta y mayorazgo de Nuestra Señora de Olivais, junto a Lisboa, en donde murió por los tiempos del rey Alfonso V. Simón casó con doña Leonor Lopes de Bulhâo, hija de Juan Lopes de Bulhâo del cual hubo en dote el mayorazgo de Bulhôes, que logró reinando don Juan III. Fueron sus hijos:

A. Doña María Machado de Bullón. Fue hija de Simón de Goes y doña Leonor de Bulhâo. Casó con Antonio Coello Gazco Faria y fueron padres de:

a. Francisco Faria Machado. Casó con doña Violante de Melo, cuya hija fue:

- Doña Leonor de Melo Faria y Machado. Contrajo matrimo-nio con Antonio de Sousa, señor de Callaris, padres de:

Francisco de Sousa. Señor de Callaris, del Consejo de Estado y presidente del Consejo de Órdenes, que contrajo matrimonio con doña Elena de Portugal, los cuales tuvieron por hijos a:

Don Luis de Souza y Machado. Arzobispo de Braga y primado de Portugal.

Don Felipe de Sousa Machado. Capitán de la Real Guardia Alemana, que casó don doña Catalina Coutiño, hija del marqués de Alegrete, grande de Portugal, padres de:

Don Juan de Sousa. Prior de Guimarães.

Don Manuel de Sousa. Señor de Callaris, capitán asimismo de la real Guardia Alemana.

Doña Elena de Portugal y Sousa. Casada con don Joseph Antonio de Vasconselos, trinchante mayor del rey, año de mil setecientos treinta.

B. Francisco Machado de Goes, fue abad de San Cosme do Vale.

C. Doña Beatriz de Goes. Sucedió en la casa y mayorazgos de su padre y casó con don Diego de Lima y tuvo a:

a. Doña María de Lima que sucedió a su madre en esta casa y casó con don Denis de Lencastre, hermano del conde de Óvidos. Sin descendencia.

D. Juan Lopes de Goes.

E. Doña María de Goes. Casó con Diego de Faria.

F. Pedro Machado, lo mataron los moros en Tánger.

G. Diego Machado, murió soltero.

3. SEBASTIÁN MACHADO DE GOES. Casó con doña María de Lemos, hija de Francisco Velho, escribano de Almazens de Lisboa y tuvo a:

A. Doña Beatriz Machado de Lemos. Casó con Diego de Lima, camarero mayor del infante don Duarte, cuya hija fue:

a. Doña María Machado de Lima. Última poseedora de los referidos bienes y mayorazgos, la cual casó con don Dionisio Mencastre, alcaide mayor de Ovidos, sin sucesión.

4. LOPE MACHADO DE GOES. Parte de su vida transcurrió fuera de Portugal con su familia y más concretamente en Castilla, por lo que dice la crónica portuguesa «Y no habiendo éste o sus hijos tomado posesión ni tenido herencia de los bienes de sus padres, por no haber dejado en ningún tiempo de seguir la parcialidad de Castilla o quedar menores y de poca edad o que vivieran en larga distancia, sólo hicieron partición de los dichos bienes, que eran libres, los referidos sus dos hermanos Francisco y Simón Machado de Goes».

VII. FRANCISCO MACHADO DE GOES. Fue el mayor de los hermanos y sucedió a su padre en la quinta de Geraz y el señorío de Entre Homem y Cávado y las demás haciendas de Barroso y por su madre los señoríos de las villas de Lauzam, Vilarinho y Pedregal, las cuales, después del año 1511, entregó a don Jorge, duque de Coímbra a cambio de la encomienda de Sauzel, de la Orden de Avis, por lo que se quedó a vivir en la quinta de Castro, en el dicho concejo de Entre Homem y Cávado. Sirvió al rey don Alfonso V, con cuarenta hombres de a caballo, en la batalla de Toro en la causa de la reina doña Juana la Beltraneja contra su tía Isabel de Castilla, en donde fue cautivo en el año de 1476 y después sirvió a los reyes don Juan III y don Manuel I y falleció el 27 de agosto del año de 1518. Había casado con doña Juana

Don Manuel I de Portugal, llamado el venturoso o afortunado

de Azevedo Peixoto, que después de viuda instituyó un tributo a la quinta de Castro en el año de 1534, hija de Juan Peixoto, señor de Peñafiel.

Obtuvo merced del rey don Manuel confirmando otra de su tío Alfonso V, fechada en Toro el diecinueve de mayo de mil quinientos seis y refrendada por Fernán Lopes, dice así:

«Don Manuel por la gracia de Dios rey de Portugal. A todos cuantos esta nuestra carta vieren hacemos saber que por parte de Francisco Machado, fidalgo de nuestra casa, hijo de Pedro Macha-do, nos fue presentada una carta del rey don Alfonso, mi tío, cuya alma Dios haya, que tal es: Don Alfonso, por la gracia de Dios rey de Castilla, de Orán, de Portugal, de Toledo, de Galicia, de Sevilla, de Córdoba, de Murcia, de Jaén, de los Algarbes, desde allende y de allende Mar en África y de Algeciras, señor de Vizcaya y de Molina, a todos cuantos esta nuestra carta vieren hacemos saber que considerando que Pedro Machado, que Dios perdone, falleció de esta vida por mi servicio y los muchos servicios que me había hecho y asimismo los muchos que ahora me hace Francisco Machado, su hijo, fidalgo de mi casa en estos mis reinos de Castilla, queriéndole por su méritos hacer merced como es razón, tengo por bien que me place que de aquí adelante confirme los jueces y oficiales de su villa de Lousan».

Francisco Machado se intituló y fue señor de las referidas villas y tierras de entre Homem y Cávado y sus jurisdicciones.

También del rey don Manuel:

«Francisco Machado, fidalgo de mi casa yo, el Rey, os envío mucho a saludar. He sido informado por Pedro Peixoto, capitán de mi galera, como os aprestábades para acompañarme en esta ocasión en la cual se os había muerto vuestro hijo no teniendo otro varón, en lo que recibí desplacer. Y así por esta razón como por otras justas que a ello me mueven he resuelto que os quedéis en vuestras tierras, a donde me podéis hacer otros mayores servicios, como de vos espero y el matalotaje que tenéis aprestado para la jornada partáis con Pedro Peysoto, vuestro primo».

Tuvo los siguientes hijos:

1. PEDRO MACHADO DE AZEVEDO, que murió soltero.

2. BERNARDINO MACHADO DE AZEVEDO. Dejó la casa de sus padres a su hermano Manuel Machado y se hizo caballero de la Orden Hospitalaria de Rodas, donde estuvo y fue comendador de Oliveira y Vera Cruz, que logró reinando don Juan III. Secuestró en Rodas a doña Juana de Azevedo, hija de Julio de Sonantes de Azevedo, caballero de la misma Orden y de doña Jerónima Cabral, natural de Toledo y trayéndola consigo para Portugal tuvo de ella a:

A. Gomes Machado.

3. MANUEL MACHADO DE AZEVEDO. Sirvió algunos años en África y viajó a Roma donde consiguió algunos beneficios a los que después renunció. Casó con doña Ana Passanha, hija de Francisco Álvarez Lousada y de su mujer doña Justa Vieira, propietarios de la quinta del Enxido y tuvo a:

A. FRANCISCO GOES PEIXOTO. Hijo mayor de Manuel Machado y de doña Ana Passanha, heredó la casa de sus padres y casó con doña Inés de Macedo, hija del licenciado Joâo Ribeiro, de Braga y de su mujer doña Guiomar Rodrigues y tuvo a:

a. Bernardina Machado.

b. Sebastián Machado.

c. Doña Jerónima.

También tuvo de doña Inés Vaz, mujer noble de Guimarães a:

d. Miguel de Azevedo.

Por lo que la obra del marqués de Montebelo nada tiene que ver con este personaje que está implantado históricamente en una obra de creación literaria cual es la de don Félix Machado da Silva.

4. VASCO MACHADO DE AZEVEDO, casó en Guimarães con doña Felipa de Freitas y tuvieron varios hijos:

A. Paulo Machado, que casó en Baçaim, en la India, con doña Luisa da Silva, hija de Ayres da Silva de Melo y de su mujer doña Juana de Azevedo.

B. Manuel Machado.

C. Doña Bernarda que murió soltera.

D. Doña Juana, también murió soltera.

F. Gomes de Azevedo.

G. Pedro Machado que murió en la India.

H. Manuel Machado que casó en Oliveira do Hospital.

I. Frei Jerónimo Peixoto de la Orden de San Bento.

J. Pedro Machado, que murió en la India.

K. Francisco Peixoto, también murió en la India.

L. Doña Margarita de Azevedo, mujer de Martín Coelho da Silva.

N. Doña Luisa de Azevedo.

O. Doña Mónica de Azevedo.

P. Doña María, monja en Semide.

Q. Doña Ana, monja en Vila de Conde.

B. Gomes Machado, su padre le dejó algunas haciendas que había comprado en tierras de Entre Homem y Cávado. Casó con doña Isabel Pereira, familia de Alfonso Betelho, alcaide mayor de Vila Real.

Tuvo a:

a. Francico de Azevedo, que casó en Lisboa.

b. Doña Antonia Machado, que casó con Gaspar de Souza.

5. DOÑA ELENA MACHADO DE AZEVEDO, que casó con Martín Teixeira de Macedo.

6. DOÑA BRIOLANIA MACHADO DE AZEVEDO, mujer del gran Francisco Sá de Miranda, el poeta y humanista portugués, amigo de Garcilaso de la Vega que introdujo el humanismo renacentista en Portugal, nacido en Coímbra el 28 de agosto de 1481 y fallecido en Amares el 17 de mayo de 1558. Estudió en Coímbra humanidades y lenguas y leyes en Lisboa. Lo protegió don Joao III. Cuando murió su padre en 1520 viajó por España e Italia por lo que perfeccionó su conocimiento del español y el toscanés. Fue en Italia donde en contacto con su pariente Vittoria Colonnas, frecuentó los ambientes literarios y a Peitro Bembo, Paulo Giovio, Ludovico Ariosto y Sadoletto. Allí se familiarizó ocn el petrarquismo que introdujo en Portugal como versificación italiana, aunque siguió cultivando las formas tradicionales portuguesas. A su regreso en 1526 conoció en España a Garcilaso y Boscán y también conoció a Isabel Freyre, que es llamada Celia en los versos de Francisco Sá de Miranda. Isabel Freyre había nacido en Beja, en 1505 y murió en Toro, Zamora, en 1536, durante mucho tiempo se le atribuyó ser la pastora "Elisa" de los poemas de Garcilaso. Era hija de Bernardim de Almeida y de Guiomar Freire de Andrade. Por parte paterna pertenecía a la familia de los condes de Abrantes, aunque otros autores la hacen de la familia de los duques de Braganza. De lo que no

hay duda es que fue una de las damas de compañía de Isabel de Portugal cuando contrajo matrimonio en Toledo con el emperador Carlos. Contrajo matrimonio en 1529 con don Antonio de Fonseca el Gordo, regidor de Toro, señor de Villanueva de Cañedo y heredero del mayorazgo fundado Alonso de Fonseca, su abuelo, obispo de Ávila, Osma y Cuenca. Se establecieron en Toro y tuvo tres hijos:

Alonso de Fonseca, que casó con Juana Enriques, de quienes descienden los condes de Villanueva de Cañedo.

Catalina de Fonseca, casó con Pedro Enríquez.

Guiomar de Fonseca, monja en el monasterio de Sancti Spiritu, de Toro.

Una vez en Portugal, don Francisco Sá de Miranda casa con doña Briolanja de Azevedo (1530) y tuvo un hijo que perdió en el asedio de Ceuta, desgracia que recogió Luis de Camôes en una égloga.

Las grandes pérdidas son dignas de grandes sentimientos, no sentir perdidas de hacienda u otros intereses semejantes es efecto del valor de la persona, nacido de la consideración y del entendimiento, porque lo que el tiempo da y quita puede quitar y devolver el tiempo, pero las pérdidas irremediables, ¿quién puede dejar de sentirlas, si no son animales del Limbo, que ignorando la gloria no saben qué es pena?

Parece que es profecía de la perdida de estos papeles hizo Manuel Machado las coplas que luego referiremos, escritas a su cuñado Francisco de Sá, en una enfermedad que tuvo en La Tapada, pues de ellas se alcanza, como él reconocía, la grandeza que tiene la nación portuguesa en estimar y apetecer más todo lo que es extraño que lo natural, no es común en todos esta falta, pero hay muchos comunes en ella y como no lo fue Manuel Machado, díganlo sus coplas.

EL BIBLIÓFILO NICOLÁS ANTONIO

SU OBRA Y COMETIDO

Este tipo de introducción de datos para falsear genealogías estaba perseguido por la Inquisición española, a cuyos autores abría procedimiento siempre y cuando fueran denunciados.

Sobre esta materia, quien puso orden en ellos fue el doctor Nicolás Antonio[40], natural de Sevilla, en donde había nacido un 28 de julio de 1617, hijo de Nicolás Antonio ambos naturales de Sevilla, cuyo padre que fue a su vez hijo de otro Nicolás Antonio y de Ana de Gomar, obtuvo de Felipe IV en 1626 la administración del almirantazgo real de Andalucía que comprendía el Reino de Granada; además de ser juez presidente de la Armada de Flandes. Su madre fue María Ana Nicolás Bernart, hija de don Jacques Nicolás, de Viqueben, natural de Flandes, y doña Barbola Bernart, natural de Sevilla. De sus dos hermanas se sabe que Beatriz casó con José Diego Bernuy, marqués de Benamejí, cuyo sucesor fue Obispo de Canarias, y Antonia, que contrajo matrimonio con Francisco de Conique y Antonio. Estudió en el Colegio de Santo Tomás y Cánones en el de Santa María de Jesús, pasando luego en 1635

---

[40] Abadía Flores, Carolina, Los flamencos en Sevilla en los siglos XVI – XVII. Scriptie voorgelegd aan de Faculteit Letteren en Wijsbegeerte, voor het behalen van de graad van Licentiaat in de Geschiedenis. Academiejaar: 2006-2007. Universiteit Gent.
Arias González, Luis / Río Luelmo, Mercedes del, Los avatares de la biblioteca privada de Nicolás Antonio (1687-1690). Studia Histórica. Historia Moderna, IX, 1991.
Cordero Medina, Luis Agustín, Nicolás Antonio. Bibliógrafo americanista. Lima, 1984.
Díaz González, Francisco Javier, La creación de la Real Junta del Almirantazgo (1624-1628). Espacio, Tiempo y Forma, Serie IV, Historia Moderna, t. 12, 1999, págs. 91-128.
Garrido Moreno, Antonio, Nicolás Antonio Nicolás. (1617-1684-III Centenario) (homenaje), Universidad de Granada, 1984.
Agradecimiento a Wikipedia por las exhaustivas notas biográficas de Nicolás Antonio.

a cursar estudios en la Universidad de Sevilla, para terminar en la Universidad de Salamanca en donde se doctoró en Derecho en 1639. En 1645 recibe el hábito de caballero de la Orden de Santiago con que Felipe IV premiaba sus afanes bibliográficos. El biografiado recibió en 1645 el hábito de caballero de la Orden de Santiago en reconocimiento de Felipe IV a sus logros bibliográficos.

La sólida erudición de Nicolás Antonio le hizo desconfiar de los falsos cronicones, iniciando así el hipercriticismo de la Ilustración y preparando la obra de Enrique Flórez. Sobre ese tema escribió su Censura de historias fabulosas, trabajo crítico sobre unas supuestas crónicas descubiertas a finales del siglo XVI por el P. Román de la Higuera, que no vio la luz hasta que el novator Gregorio Mayáns y Siscar la publicó en el siglo siguiente, en Valencia, 1742.

Falleció Nicolás Antonio a los 66 años.

En cuanto a su quehacer, además de ser historiador y bibliógrafo, ocupó un cargo en el Consejo de la Santa Cruzada, siendo conocido por purgar las bibliografías existentes en su época de falsas crónicas y expedientes de hidalguía.

Formó un índice de todos los escritores españoles desde la época del emperador Augusto hasta su tiempo, utilizando las bibliotecas sevillanas y en particular la recopilada por fray Benito de la Serna en el monasterio benedictino.

En 1651 se instala en Madrid para ocupar «un empleo de letras», presentando con esta ocasión el manuscrito de su obra De exilio sive de exilii..., y tres años más tarde, en 1654, se halla ya en Roma, acompañando a Luis de Guzmán Ponce de León, embajador de Su Majestad en la Ciudad Eterna, como agente general de los Reinos de España, Dos

Sicilias y Ducado de Milán, cargos a los que unió el nombramiento de agente de la Inquisición española en Italia.

Su estancia en Roma habría de prolongarse por casi cinco lustros y le sirvió para proseguir su infatigable búsqueda y adquisición de códices y manuscritos hasta reunir una biblioteca de más de 30.000 volúmenes, émula de la Vaticana; pero fueron tantos los gastos que el propio papa Alejandro VII, para evitar su ruina total, le concedió el 22 de mayo de 1664, una canonjía de la catedral de Sevilla con dispensa de residencia y con 110 escudos de renta.

En 1678, a su regresó a Madrid, Carlos II le nombró fiscal del Real Consejo de Cruzada, cargo que ostentó hasta su muerte, ocurrida el 13 de abril de 1684.

Su Biblioteca dio un gran impulso en España a la ciencia de la Bibliografía, ya iniciada con Hernando Colón, pero que en este caso, y ya entrado el siglo XVIII dio lugar a estar de moda entre numerosos eruditos pero con aportaciones tan tempranas como las de Ambrosio José de la Cuesta y Saavedra, Andrés González de Barcia, Pablo Ignacio de Dalmases y Ros, José Finestres y de Monsalvo, Jaime Caresmar, Faustino Arévalo y José Cevallos y Ruiz de Vargas.

En cuanto a sus obras me remito a Wikipedia para la búsqueda exhaustiva de autores:

La primera edición de la Bibliotheca Hispana Nova, año 1672, cuyo título fue: «Bibliotheca hispana sive hispanorum, y la Bibliotheca hispana vetus (obra póstuma, impresa en 1696).

Segunda edición Bibliotheca Hispana Nova, del año 1783, obra comentada de don Joaquín Ibarra. Donde reúne y hace la crítica de toda la información biobibliográfica de la época y sus autores. La Vetus comprende desde Augusto hasta 1500, y la Nova desde 1500 a 1700.

Ambas fueron reeditadas y corregida por el ilustrado Francisco Pérez Bayer entre 1783 (Bibliotheca hispana nova) y 1788 (Bibliotheca hispana vetus).

FIN